Robert Misik

ERKLÄR MIR DIE FINANZ KRISE!

Grafische Gestaltung: Dorothea Löcker, Wien
Druck und Verarbeitung:
Druckerei Theiss GmbH, St. Stefan im Lavanttal
ISBN 978-3-85452-698-8

Informationen über das aktuelle Programm
des Picus Verlags und Veranstaltungen unter
www.picus.at

Robert Misik

ERKLÄR MIR DIE FINANZ KRISE!

Wie wir da reingerieten und
wie wir wieder rauskommen

Picus Verlag Wien

INHALT

VORWORT

Dieses Buch basiert auf einer fünfteiligen Vortragsreihe, die ich im Herbst 2012 an der Volkshochschule Ottakring gehalten habe. Die besondere und schöne Herausforderung bestand darin, ein fachlich komplexes Thema, das das Leben von Millionen Menschen berührt, aber vielen unerhört kompliziert erscheint, in einfachen Worten zu erklären, ohne die Sache zu versimpeln. Für mich war es aber auch deshalb etwas Besonderes, weil die Idee der Volkshochschule etwas sehr Unterstützenswertes ist. Die Institution Volkshochschule vermittelt Bildung, kritisches Denken, sie ermöglicht die intensive Beschäftigung mit einem Thema, aber für »normale« Leute, also für ein breites Spektrum der Bevölkerung, nicht nur für das akademische Milieu wie an den Universitäten. Für Leute also, die Fachleute sind, aber auch für Leute, die keine Fachleute sind, die Laien sind, die vielleicht wenig Fachwissen mitbringen, aber eines natürlich schon: waches Interesse für die Welt und für eine Fragestellung.

Wenn man sich auf dieses Terrain einlässt, muss man die Dinge so darstellen, dass sie jeder interessierte Laie verstehen kann, auch wenn dieser nicht den Jargon der Fachwissenschaft kennt. Man muss die Dinge einfach darstellen, aber ohne sie ungebührlich zu vereinfachen. Und das ist eine große Aufgabe, der sich heute, meiner Meinung nach, viel zu wenige Menschen stellen. Wichtige Debatten, nicht nur in der Ökonomie, auch der Philosophie, auch über politische Fragen, werden heute viel zu oft in der Sprache von Geheimwissenschaften geführt, die Menschen ausschließen. Und Volkshochschule will nicht ausschließen, sondern einschließen.

Der zweite Grund, warum ich mit viel Demut an diese Vortragsreihe heranging, war natürlich der spezielle Ort: die Volkshochschule Ottakring, in der schon vor neunzig Jahren große, sozial engagierte Denker wie etwa Max Adler das betrieben haben, was man in jenen Tagen »Volksbildung« nannte. »Wissen ist Macht«, lautete damals der Slogan. Diese Parole hatte ja auch ein politisches Pathos: dass es ein Beitrag zu einer gerechteren, demokratischeren Welt ist, wenn man breiten Bevölkerungsschichten, nicht nur den Privilegierten auf der Universität, Wissen vermittelt und sie mit der Ressource Bildung ausstattet; dass das für die Menschen gut ist, die davon profitieren, aber dass das auch für uns alle gut ist. Weil wir dann alle in Gesellschaften leben, die besser funktionieren. Und ich fühle mich diesem Geist verbunden, in vieler Hinsicht – intellektuell, politisch, aber auch emotional.

Seit dem Ausbruch der Finanzkrise im Jahr 2008 fragen sich viele Leute: Was passiert da eigentlich? Was kommt da auf uns zu? Was ist richtig, und was ist falsch? Banken kollabieren lassen? Oder doch Banken retten? Aber wieso ist für die Geld da, während für die einfachen Leute kein Geld da ist? Und sollen wir Staaten vor dem Bankrott retten? Aber sind die nicht selber schuld? Und wenn sie nicht nur selber schuld sind, wer ist dann noch schuld? Und welche Alternativen gibt es?

Viele Menschen stellen sich diese und ähnliche Fragen. Es gibt eine ungeheure Unsicherheit und damit auch ein ungeheures Bedürfnis, über solche Fragen nachzudenken und über sie zu diskutieren.

Vortragsreihen und Bücher wie dieses wollen auch eine Übersetzungsarbeit leisten, von der Fachwissenschaft in eine Sprache, die für interessierte Laien verständlich ist. Gerade in ökonomischen Fragen ist das heute eine wichtige Aufgabe. Weil etwa der Journalismus, dessen Aufgabe das ja auch wäre, sie gerade in Wirtschaftsfragen sträflich vernachlässigt hat, wenn man von ein paar wenigen rühmenswerten Ausnahmen absieht. Aber in aller Regel stellt sich der Wirtschaftsjournalismus kritischer, makroökonomisch fundierter Berichterstattung nicht mehr, sondern betreibt Verlautbarungsjournalismus für einzelne Unternehmen, Servicejournalismus (»Wo lege ich mein Geld am besten an?«) oder Ähnliches. Und nicht selten wurde er selbst zum Erfüllungsgehilfen neoliberaler Ideologie und blökt hohle Phrasen.

Ich hoffe, dass dieses kleine Büchlein interessierten Bürgerinnen und Bürgern helfen kann, einige Zusammenhänge zu verstehen, und zwar so genau zu verstehen, dass man sie mit den hohlen Phrasen eben nicht mehr abspeisen kann. Noch mehr würde ich mich freuen, wenn bei dem einen oder der anderen dann auch das Ohnmachtsgefühl weicht, das viele Menschen angesichts einer bedrohlichen ökonomischen Großwetterlage befallen hat, deren Ursachen man aber nicht wirklich durchschauen kann. Denn etwas, das als so ungeheuerlich komplex erscheint, dass es überhaupt nicht begriffen werden kann, führt notwendigerweise auch dazu, dass Menschen das Gefühl haben, sie hätten ohnehin keine Möglichkeiten, zu agieren; dass ihre einzige Hoffnung ist, die Experten würden schon wissen, was vorgeht – jene Experten, von denen viele ihr eigenes Süppchen kochen.

Aber wenn Experten, Lobbys und Politiker Fragen, die für ein Gemeinwesen lebenswichtig sind, in der Sprache eines Geheimwissens verhandeln, dann ist das langfristig für die Demokratie ein tödliches Gift.

Kurzum, ich hoffe, dass dieses Buch ein wenig dabei hilft, gegenzusteuern. Ich danke allen, die es ermöglicht haben: Alex Potyka und dem Team im Picus Verlag, Mario Rieder von den Wiener Volkshochschulen und Ilkim Erdost und ihren Mitarbeitern an der VHS Ottakring, die mit so viel Begeisterung diese Vortragsreihe möglich gemacht und dafür gesorgt haben, dass sie ein solch großer Erfolg wurde.

Robert Misik,
Wien, Februar 2013

1.
EIN CRASH MIT ANLAUF

Wie eine falsche Wirtschaftsideologie die Marktwirtschaft ins Desaster stürzte

»Ein Crash mit Anlauf!« habe ich dieses erste Kapitel genannt. »Wie eine falsche Wirtschaftsideologie die Marktwirtschaft ins Desaster stürzte«.

Und da kann man natürlich die Frage stellen: Wieso Wirtschafts*ideologie*?

Hat Ideologie nicht etwas mit Worten allein zu tun? Mit Gedanken, die sich Menschen machen, mit Fantasien, die sich irgendwelche weltfremden Ideologen ausdenken?

Und wie sollen diese Ideologien einen derartigen Einfluss auf die Wirtschaft haben? In der Philosophie, könnte man anmerken, sei das naheliegend, schließlich geht es in dieser primär um Begriffe und Konzepte – aber in der Wirtschaft? Nirgendwo geht es doch so sehr um harte Fakten und Zahlenkolonnen, um Euros und Dollars, also ums kalte Kalkulieren und ums Geld.

In der Wirtschaft sind doch auch meistens sehr pragmatisch gesinnte Menschen am Werk, auch heute noch überwiegend Männer übrigens, die sich als Männer der Tat verstehen. Unternehmer etwa, die von sich die Vorstellung hegen, sie seien doch eigentlich total unideologisch. Wer ein Geschäft aufmacht, um etwa, sagen wir, den Menschen Haarshampoo zu verkaufen, der interessiert sich doch nicht für Ideologie, oft hat er sogar so etwas wie leise Verachtung für die Buchstabenhengste in den Studierstuben. Der interessiert sich dafür, dass er billig zukauft, billig produziert und einen möglichst hohen Preis beim Kunden herausschlägt, damit er, nachdem er seine Lieferanten bezahlt, der Bank die Kreditzinsen und seinen Angestellten ihr Gehalt überwiesen hat, noch einen ausreichenden Profit für sich hat.

Aber schon John Maynard Keynes, der wohl bedeutendste Ökonom des 20. Jahrhunderts hat in den letzten Zeilen seines Buches »Die Allgemeine Theorie der Beschäftigung, des Zinses und des Geldes« Folgendes geschrieben:

»... die Ideen von Ökonomen und politischen Philosophen, und zwar sowohl wenn sie recht als wenn sie unrecht haben, sind viel mächtiger, als man üblicherweise annimmt. Im Grunde wird die Welt kaum von etwas anderem regiert. Praktische Männer der Tat, die von sich glauben, dass sie frei von allen intellektuellen Einflüssen sind, sind sehr oft die Sklaven irgendeines lange verstorbenen Ökonomen.«

Ideen haben also ihre Wirksamkeit, und das auf verschiedenen Wegen. Natürlich ist es nie so, dass sich irgendjemand die Welt in seinem stillen Kämmerlein ausdenken kann und dann wird die Welt nach seinen Ideen gebastelt. So funktioniert das nur in Wolkenkuckucksheim und nicht einmal dort. Aber Ideen haben auf andere Weise Einfluss.

Nehmen wir nur »die Wirtschaft«. Die funktioniert zu einem bestimmen Zeitpunkt auf eine gewisse Weise, und unterstellen wir einmal, sie tut das völlig unabhängig davon, welche Theorien Ökonomen darüber aufstellen.

Das ist jetzt natürlich eine etwas vereinfachte Annahme, denn vielleicht funktioniert sie ja zu diesem Zeitpunkt auf eine gewisse Weise, weil *früher* einmal Ökonomen irgendwelche Ideen in die Welt gesetzt haben und Politiker, die von diesen Ideen beeinflusst waren, daraufhin Regeln und Institutionen geschaffen haben, die diesen Ideen angemessen waren. Aber diese Vereinfachung sei hier gestattet.

Also, »die Wirtschaft« funktioniert zu einem gegebenen Zeitpunkt auf eine bestimmte Weise. Sie »funktioniert«, was natürlich bedeutet: Manches funktioniert, manches funktioniert nicht so gut, manches besser, manches ganz schlecht.

In dieser Wirtschaft gibt es Ungleichheit. Es gibt Arbeitslosigkeit. Es gibt Wirtschaftswachstum. Es gibt Innovation. Also, es funktioniert ganz gut, aber es könnte besser funktionieren.

Und jetzt stellen wir uns einen Ökonomen A vor, der zu beweisen versucht, dass diese Wirtschaft deshalb nicht ganz so optimal funktioniert, weil sie zu sehr vom Staat dominiert wird, weshalb die Marktkräfte nicht optimal wirken können.

Und dann stellen wir uns einen anderen Ökonomen B vor, der im Gegenteil behauptet, dass diese Wirtschaft nicht so gut funktioniert, weil die Marktkräfte zu sehr wirken. Weil Märkte zwar ihre guten Seiten haben, aber auch Probleme produzieren.

Stellen wir uns also vor, die Ideen des Ökonomen A setzen sich durch. Aber was bedeutet das denn eigentlich, dass sich Ideen »durchsetzen«? Wie funktioniert das denn?

Vielleicht auf folgende Weise: Der Ökonom A gewinnt Einfluss, beispielsweise auf andere Ökonomen, mit denen er so etwas wie eine akademische Schule gründet oder vielleicht nur einen loseren Zusammenhang von Ähnlichdenkenden. Er und eine Gruppe von Gleichgesinnten gründen einen Thinktank, mithilfe dessen sie ihren Einfluss ausbauen, oder sie gewinnen die Unterstützung bereits existierender Thinktanks. Dann erhalten sie Unterstützung von Lobbys, die meinen, die Ideen des Ökonomen A würden ihren Interessen entgegenkommen. Sie ziehen womöglich auch einflussreiche Medien auf ihre Seite, die diese Ideen unter die Leute bringen. Sie wirken letztendlich auch auf Parteien ein, deren programmatische Ideen mit den Ideen des Ökonomen im Einklang stehen, oder auf Parteien, die gerade gar keine Ideen haben und dankbar für Konzepte sind, und nach und nach werden die Ideen des Ökonomen Einfluss auf die Gesetzgebung finden.

Dann werden womöglich in einem allmählichen Prozess institutionelle Veränderungen durchgeführt, die weniger staatliche Regulation vorsehen und mehr freies Spiel der Märkte.

Setzt sich Ökonom B durch, werden die institutionellen Veränderungen in eine andere Richtung gehen.

Auf diese Weise haben Ideen, auf diese Weise haben Ideologien Auswirkungen auf den realen Lauf der Welt, auf die Fakten. Selbst in der Welt der Ökonomie.

Ich kann und will hier nicht die gesamte Geschichte der kapitalistischen Marktwirtschaften des Westens, also vor allem Europas und Amerikas, ausbreiten, deswegen wollen wir hier nur in einem absoluten Schnelldurchlauf an einen Punkt gelangen, von dem aus wir die Geschichte der vergangenen dreißig Jahre detaillierter betrachten können. Absoluter Schnelldurchlauf: Wir standen schon einmal, Ende der zwanziger, Anfang der dreißiger Jahre vor einem Beinahe-Kollaps der kapitalistischen Marktwirtschaften, mit Bankenkrach, wirtschaftlichem Einbruch, einer lang andauernden Großen Depression und damit verbunden, sicher nicht allein daraus resultierend, aber doch ganz wesentlich damit verbunden, dem Aufstieg von Nazis und anderer autoritärer Regimes. Die Verwüstungen des Zweiten Weltkriegs waren die Folge.

Es war gerade der bereits erwähnte große Ökonom John Maynard Keynes, der in dieser Zeit gezeigt hat, dass man die Marktwirtschaft in so einer Phase nicht sich selbst überlassen darf – also den Märkten allein –, weil die Krise dann in einer Katastrophe endet, und dass man sie auch sonst nicht sich selbst überlassen darf, und zwar weil ansonsten solche Krisen immer wiederkehren werden. Er hat auch gezeigt, dass man die großen Vorteile von Marktwirtschaften nur wird sicherstellen können, wenn man sich ihrer Nachteile annimmt: Ungerechtigkeit, Ungleichheit, Instabilität, Arbeitslosigkeit.

Politiker in aller Welt haben, teilweise instinktiv und unabhängig von Keynes, teilweise auch in direkter Folge seiner Lehre, daraus ihre Konsequenzen gezogen: als Erster der amerikanische Präsident Franklin D. Roosevelt mit seinem New Deal, ziemlich zeitgleich auch skandinavische Regierungen, vor allem die schwedische Regierung, bald danach die britische Regierung und dann auf unterschiedliche Weise fast alle Nachkriegsregierungen Westeuropas. Das Ergebnis war, dass sich die chronischen Ungleichheiten – der Vermögen, der Einkommen – nach und nach etwas reduzierten, dass wichtige Sektoren der Ökonomie reguliert blieben (teilweise sogar verstaatlicht) oder strenger staatlicher Aufsicht unterstanden – vor allem die Finanzindustrie. Wir hatten Jahrzehnte von Prosperität und praktisch keine nennenswerten Finanzkrisen. So kamen wir bis in die siebziger Jahre.

Ich will jetzt keineswegs behaupten, dass das ein goldenes Zeitalter oder gar das Paradies war, aber manche der schrecklichen Zustände des Kapitalismus der Jahrhundertwende oder der zwanziger Jahre konnten damals überwunden werden. Der Wohlstand verbreiterte sich, es herrschte Vollbeschäftigung, einfache Leute konnten plötzlich auch ein Stück vom Kuchen abbekommen – und die Reichen wurden nicht einmal sonderlich ärmer. Gegen Ende dieser Periode traten dann zwar neue Probleme auf, spürbare ökonomische Einbrüche, beginnend in den USA, Inflationsraten von bis zu zehn Prozent, aber alles in allem war es eine Periode wachsenden Wohlstands, wachsender sozialer Sicherheit mit nur geringen ökonomischen Instabilitäten.

Und was wurde uns seither gesagt, von Ökonomen, aber auch von Politikern? Dass wir die Märkte zu sehr eingeschränkt haben. Dass der Staat zu viel regelt und die Märkte zu sehr behindert. Dass man deregulieren muss. Dass wir den wirtschaftlichen Erfolg nicht ausreichend hochschätzen. Dass wir auch zu sehr auf Umverteilung Bedacht genommen haben, statt zu akzeptieren, dass eben in einer freien Marktwirtschaft die einen reich werden und die anderen weniger Glück haben.

All das hat man uns gesagt. Und man hat uns noch eines gesagt: Wenn wir das ändern, werden wir bessere ökonomische Ergebnisse haben. Wenn wir privatisieren, wird es mehr Konkurrenz geben und wir werden bessere und billigere Güter haben.

Wenn wir die Arbeitsmärkte liberalisieren, werden wir weniger Arbeitslosigkeit haben.

Wenn wir die Lohnfindung flexibilisieren – was natürlich auch heißt: Niedriglohnsegmente zulassen –, werden wir im internationalen Wettbewerb besser bestehen.

Wenn wir Ungleichheiten akzeptieren, werden wir im Austausch eine brummende Ökonomie haben.

Und wenn wir die Finanzmärkte, die Kapitalmärkte liberalisieren, wird das Kapital dorthin fließen, wo es am besten eingesetzt sein wird – man nannte das die »effektive Allokation des Kapitals« –, und dann werden wir optimale Wirtschaftsergebnisse erzielen und insgesamt mehr ökonomische Stabilität haben.

Nun ist das eine Behauptung, die man glücklicherweise anhand der Realität überprüfen kann. In der Phase des regulierten Arrangements wuchs die Weltwirtschaft durchschnittlich um 4,8 Prozent pro Jahr, in der Phase ab der zunehmenden Deregulierung nur mehr um 3,2 Prozent. Dass optimale ökonomische Ergebnisse erzielt wurden, kann man jedenfalls auf Basis dieser Daten nicht gerade behaupten.

Man hat eine Vorhersage getroffen und dann im globalen, internationalen Arrangement entsprechende »Reformen« durchgeführt. Aber das Ergebnis war nicht immer so, wie man uns gesagt hat – oft war es sehr anders. Und auf den folgenden Seiten will ich beschreiben, warum das so war.

Dass Märkte effizient funktionieren und dass ökonomische Ergebnisse umso besser sind, je mehr man den Märkten anvertraut, ist ja das grundlegende Axiom dieser Ökonomie. Auf Märkten suchen alle Menschen ihren Eigennutz, sie folgen also ihrem egoistischen Eigeninteresse, aber im Zusammenspiel werden sie das Allerbeste herausbringen, so lautet diese These. Das ist eigentlich nicht nur eine ökonomische Lehre, sondern sogar eine Art Morallehre: dass viele Menschen, die alle nur auf der Mikroebene ihren egoistischen Eigennutz verfolgen – also etwas tun, was moralisch eigentlich verwerflich ist –, etwas moralisch Erstrebenswertes schaffen, nämlich Prosperität, den optimal möglichen Wohlstandszuwachs, das ist ja im Kern eine Morallehre. Wenn ich also Gutes bewirken will, muss ich mich nicht gut verhalten, im Gegenteil, je fieser ich mich verhalte, umso mehr Gutes tue ich.

Märkte funktionieren effizient, sagt uns diese Ökonomie, und sie tendieren zum Gleichgewicht. Ja, Gleichgewicht! Diese Ökonomie ist insofern auch eine versöhnliche Wissenschaft. Es gibt vielleicht »Ungleichgewicht« – aber die Marktkräfte führen dann automatisch zum »Gleichgewicht«. Beachten Sie die Begrifflichkeit: Gleichgewicht klingt sehr schön. Was assoziieren wir da spontan? Gleichgewicht, da ist alles schön im Lot, da fühlt man sich gut, besser jedenfalls als wenn man auf einem Bein schief dasteht und droht, umzukippen. Es geht hier auch immer um die Begriffe, mit denen diese Ökonomie operiert, die scheinbar neutral sind, in Wirklichkeit aber eine ideologische Schlagseite haben.

Aber das ist nur ein Seitenaspekt. Denn diese Ökonomie hat gar nicht so unrecht. Bestimmte Märkte tendieren tatsächlich zu einem Gleichgewicht. Stellen wir uns den Schuhmarkt und den Markt für, sagen wir, Hosen vor.

Das ist übrigens schon ein sehr schönes Beispiel dafür, wie die Ökonomie ihre Theorien entwickelt. Indem man Beispiele entwickelt, Modelle, die sehr lehrreich sein können, aber in der Wirklichkeit leider nicht vorkommen. Denn es kommt natürlich in der Wirklichkeit nicht vor, dass es irgendwo nur den Schuhmarkt und den Hosenmarkt gibt und sonst nichts eine Rolle spielt. Es spielen Hunderte Dinge eine Rolle: Alle Gütermärkte wirken aufeinander, denn das Geld, das ich für zehn Güter ausgebe, kann ich dann für zehn andere nicht ausgeben, es spielt eine Rolle, welche Arbeitskräfte es gibt, ob die gut ausgebildet sind oder nicht, ob es eine ausgebaute Finanzbranche gibt, ob Banken den Firmen Kredite geben oder den Konsumenten, ob jemand in Schuhfirmen investieren will oder ob es Finanzinvestitionen gibt, die sich möglicherweise mehr rentieren.

Ökonomen entwickeln immer Modelle, aus denen sie möglichst viele Aspekte der Wirklichkeit eliminieren, um an möglichst einfachen Beispielen wie im Laboratorium ihre Annahmen durchrechnen zu können, so wie ein Naturwissenschaftler im Labor seine Experimente macht.

Daran ist nichts falsch, aber es sollte nicht vergessen werden: Man sollte diese Modelle dann nicht mit der Wirklichkeit verwechseln, die deutlich komplexer ist als diese Modelle.

Aber zurück zum Markt für Schuhe und Hosen. Solche Märkte funktionieren tatsächlich so »effizient«, wie uns das diese neoklassische Ökonomie erklärt. Stellen wir uns vor, ein Schuhfabrikant produziert Schuhe und ein Schuhladen hat sie in seinem Geschäft. Und nebenan ist ein anderer Schuhladen, mit anderen Schuhen. Und jetzt stellen wir uns vor, die Konsumenten gehen an diesem ersten Schuhladen vorbei, gucken rein, probieren ein paar Modelle, gehen dann aber weiter und kaufen sich die Schuhe bei der Konkurrenz.

Da hat dann, wenn das lange genug geschieht, der Ladenbesitzer eins ein paar Informationen. Hauptinformation: Keiner will seine Treter. Sie sind möglicherweise zu teuer. Oder auch zu hässlich. Er weiß dann, er muss mit dem Preis herunter oder hübscheres Schuhwerk produzieren. Oder er wird die Produktion drosseln. Oder alle drei.

Möglicherweise werden auch generell weniger Schuhe nachgefragt, sodass auch der Konkurrent seine nicht alle losbekommt. Dann haben alle beide eine Information: dass offenbar nicht so viele Schuhe gebraucht werden. Sie werden insgesamt die Schuhproduktion drosseln. Und Schuhproduktion hat ja auch ihre Kosten. Nicht nur Kosten in Form von Geld.

Arbeitskräfte sind in der Schuhproduktion beschäftigt, Kapital steckt in den Maschinen, Rohstoffe werden verbraucht. Das sind alles knappe Ressourcen. Es wäre Verschwendung, wenn diese knappen Ressourcen in die Produktion von Schuhen gingen, die keiner braucht – oder jedenfalls nicht in der Menge und in diesem Aussehen.

Denn womöglich brauchen die Menschen mehr Hosen, dann sind diese knappen Ressourcen wie Arbeitskraft, Kapital und Rohstoffe in der Hosenproduktion besser eingesetzt. Der Markt wird dann zu einem neuen Gleichgewicht tendieren: weniger Schuhe, mehr Hosen. Der Markt hat effizient funktioniert.

Das ist jetzt ein sehr simples Modell, zugegeben, aber es stecken erstens einmal schon sehr viele der Begriffe in diesem Modell, die für marktfreundliche Ökonomen eine wichtige Rolle spielen, und zweitens ist es tatsächlich so, dass viele Gütermärkte so funktionieren.

Diese Begriffe, die hier schon eine Rolle spielen, und die in der Ökonomie zentral sind, lauten:

- Nachfrage;
- Angebot;
- Effiziente Allokation von
    - Ressourcen,
    - Kapital,
    - Rohstoffen,
    - Arbeitskräften;

- Information;
- Transparenz und informierte Marktteilnehmer.

Das sind alles wichtige Begriffe in der Ökonomie. Buchstabieren wir sie ein wenig durch. Unser Beispiel funktioniert ja nur, wenn wir Konsumenten haben, die vollständig informiert sind; Konsumenten, die wissen, wo es Schuhgeschäfte gibt, die die Modelle vergleichen können, die die Preise vergleichen können und die dann die für ihre Präferenzen beste Wahl treffen.

Nun ist es natürlich schon auf einer Einkaufsmeile voller Läden schwer, alle Informationen über Schuhpreise und Schuhmodelle zusammenzutragen, aber die Frage von Preis und Aussehen ist noch einigermaßen leicht zu klären, schwieriger wird es dann schon bei der Qualität. Daran sieht man, wenn es schon bei einem so simplen Markt wie dem Schuhmarkt schwierig ist, vollständige Transparenz auf der Einkaufsstraße herzustellen, wie schwierig das dann erst auf anderen Märkten ist. Aber womöglich ist das nicht das Hauptproblem: Ausreichende Transparenz, ausreichende Information kriegen wir schon hin, jedenfalls beim Schuhkauf in der Großstadt.

In diese Preisbildung am Markt gehen also eine Vielzahl an Informationen ein, und vielleicht sollte man noch ein paar Sätze zum Begriff Information sagen: Information meint in diesem Zusammenhang nicht nur das, was der Laie im Alltagsgespräch unter Information versteht – also Wissen oder Nachrichten, die man aus der Zeitung oder dem Fernsehen oder dem Warenkatalog erfährt oder im Gespräch mit dem Kumpel aufschnappt.

Das auch, aber noch einiges mehr: nämlich eine unendliche Menge und Abfolge von Impulsen. Wenn ein Passant beim Geschäft eins vorbeigeht, die Schuhe betrachtet und dann zum nächsten Laden geht, und wenn das viele Passanten so machen, so hat der Schuhhändler am Ende ganz viel Information, ohne mit jemandem geredet zu haben. Jeder Nichtkaufakt, vor allem aber jeder Kaufakt, den ein Mensch setzt, ist ein Informationsimpuls: Wer morgens aufsteht und im Supermarkt seine Schokocroissants kauft, der gibt die Information, dass ihm das Ding schmeckt, ausreichend billig erscheint oder jedenfalls so gut schmeckt, dass er den Preis akzeptiert. Und wenn er dann noch Milch kauft, sendet er möglicherweise die Information, dass selbst das billigste Produkt noch ziemlich teuer ist, er aber keine Wahl hat, denn Milch braucht man ja, und wenn er am Nachmittag eine Lebensversicherung abschließt und dann noch ins Kino geht und dies und das tut – andauernd sendet er einen Informationsimpuls. Das alles zusammen ist das, was Ökonomen unter »Informationen« verstehen.

Auf »perfekten Märkten«, sagen die Ökonomen, herrscht vollständige und symmetrische Information. Symmetrische Information heißt: Die Kunden haben alle nötigen Informationen. Die Verkäufer haben alle nötigen Informationen. Die Kunden wissen, was Schuhe kosten. Der Ladenbesitzer weiß, dass der Schuhverkäufer nebenan mehr verkauft. Ausreichend Information, um den Schuhmarkt ins Gleichgewicht zu bringen.

Oder den Hosenmarkt.

Oder den Kartoffelmarkt.

Oder den Markt für Zahnstocher.

Das Problem ist also nicht, dass unsere marktfundamentalistischen Ökonomen sich hier »perfekte Märkte« mit »vollständiger symmetrischer Information« konstruieren – wobei auch das schon fragwürdig ist, weil »Perfektion« schon so seine Sache ist. Diese Behauptung unterstellt implizit, dass Störungen hier überhaupt nicht möglich seien und wenn, dann nur durch äußere Faktoren, wenn etwa der Staat interveniert oder starke Gewerkschaften zu hohe Löhne durchsetzen oder was auch immer.

Das Problem ist aber nicht, dass sie beweisen, wie Gütermärkte ins Gleichgewicht gelangen, sondern dass sie alle Märkte wie Kartoffelmärkte behandeln und dass sie glauben, dass eine ganze Gesellschaft und Volkswirtschaft wie ein Kartoffelmarkt zu organisieren ist.

Aber es gibt eine ganze Reihe von Märkten, die eigentlich gar nicht wie »Märkte« funktionieren, die man aber dennoch als »Märkte« bezeichnet, was an sich schon eine Art von Irreführung ist. Und in der Kreislaufökonomie einer ganzen Volkswirtschaft können gerade dann Störungen eintreten, wenn man sie zu stark an dem Marktmodell orientiert.

Was ist damit gemeint?

Zum Ersten: Wir haben gesehen, dass wir uns schon vorstellen können, dass der Schuh- und Hosenmarkt und viele andere Gütermärkte so funktionieren wie der Kartoffelmarkt der Bauern am Samstag in der Kleinstadt.

Aber es gibt natürlich ein paar Märkte, für die das nicht gilt. Der »Arbeitsmarkt« etwa. Der ist, wie die Ökonomen sagen würden, ein extrem »unelastischer« Markt. Denn was passiert auf Märkten, wenn es ein Überangebot an einer Ware gibt? Sie verschwindet vom Markt und wird durch eine andere ersetzt, oder ihr Preis sinkt, oder das Angebot wird reduziert, bis es im Gleichgewicht mit der Nachfrage ist.

Das ist natürlich auf dem Arbeitsmarkt nicht so leicht möglich. Das Angebot ist sehr schwer zu reduzieren, wenn es ein Überangebot, also Arbeitslosigkeit, gibt: Massenselbstmord wäre natürlich eine Option, aber keine gute, da Menschen ja unvernünftigerweise an ihrem Leben hängen. Auch die Produktion einer besseren, hübscheren Ware ist für Arbeitsanbieter auf Arbeitsmärkten nicht so einfach: Klar, sie können ein paar Schulungen besuchen, sich zusätzlich qualifizieren, vielleicht auch zum Friseur gehen, und üben, wie man profimäßig Bewerbungen schreibt. Aber ein Schriftsetzer ist eben schwerer in einen IT-Spezialisten zu verwandeln als ein iPhone 4 in ein iPhone 5. Außerdem haben Menschen Gefühle, ein entscheidender Nachteil, verglichen mit Kartoffeln oder iPhones. Wenn man ihr Einkommen reduziert, selbst dann, wenn sie davon immer noch leben können, werden sie vielleicht schlechterer Laune sein, sie arbeiten schlechter, engagieren sich weniger in der Firma. Kurzum: Den Arbeitsmarkt kann man nicht wie den Kartoffelmarkt organisieren.

Ein anderer solcher Markt ist der für das Gesundheitswesen. Wenn Leute krank werden, sind sie meistens keine besonders rationalen Marktteilnehmer, die das Angebot auswählen können. Erstens sind die Dinge meist viel zu komplex und schwer zu verstehen, zweitens haben sie Panik, dass sie sterben können. Außerdem würde es auch unserem ethischen Empfinden widersprechen, wenn wir das Gesundheitssystem nach Marktgesichtspunkten organisieren.

Und ein weiterer Markt, der keineswegs wie ein Markt funktioniert, ist der Kapitalmarkt, aber auch, bis zu einem gewissen Grad wenigstens, der Markt für Immobilien, jedenfalls sofern man ihn als Markt nicht alleine für Wohnraum, sondern für langlebige Vermögensanlagen betrachtet. Auch hier funktioniert manches anders als auf den oben beschriebenen Märkten. Aber dazu später.

Davor möchte ich noch ein paar Bemerkungen dazu machen, warum man eine ganze Volkswirtschaft nicht wie einen Kartoffelmarkt organisieren kann. Denn wir leben in einer komplexen Ökonomie, in der Unternehmer Waren produzieren und investieren, in der Bürger Einkommen einnehmen und diese für Konsum ausgeben oder sparen, in der Wirtschaftssubjekte sparen oder Geld als Kredit aufnehmen und in der gleichzeitig die Waren, die pro Periode produziert werden, durch die Einkommen, die pro Periode eingenommen werden, konsumiert werden sollen.

Und wenn wir jetzt einmal den Staat weglassen, dann ist das doch so: Es gibt in dieser Ökonomie Einnahmen – das sind Unternehmenseinnahmen, Gehaltseinkommen –, und es gibt Ausgaben, also im Wesentlichen Konsumausgaben und Investitionsausgaben. Das große Problem einer solchen Ökonomie ist dann zunächst die Unsicherheit. Wenn ein Unternehmen investiert und seine Produktion ausweitet oder überhaupt mit der Produktion beginnt, kann es sich natürlich nie sicher sein, dass es seine Güter auch loswird.

Da die Wirtschaft allerdings in den meisten Zeiten expandiert – wir sprechen in diesem Zusammenhang üblicherweise vom »Wirtschaftswachstum« –, gibt es ein über weite Phasen durchaus optimistisches Wirtschaftsklima.

Unternehmen investieren, weil sie sich denken, das wird schon. Außerdem denken sie sich womöglich, *wir sind so super, selbst wenn es allgemein schlechter läuft, wir werden das schon schaffen mit unserer brillanten Idee.* Wenn sich aber das Wirtschaftsklima verdunkelt, also Unternehmen annehmen, in der nächsten Periode wird das vielleicht nicht ganz so optimal, dann werden sie zunächst einmal ihre Investitionen zurückfahren.

Die Ausgaben von Unternehmen für Investitionen sind aber zugleich die Einnahmen anderer Unternehmen – derjenigen, die Investitionsgüter produzieren – und damit auch die Einnahmen der dort Beschäftigten. Da die dort Beschäftigten dann ihrerseits Güter kaufen, oder eben nicht mehr kaufen, wenn sie weniger Geld in der Tasche haben – etwa, weil sie arbeitslos sind –, werden auch in den anderen Branchen die Einnahmen einbrechen und die gesamte Wirtschaft trudelt in eine Flaute. An diesem Punkt setzt dann eine Abwärtsspirale ein, wenn nicht irgendjemand etwas unternimmt – und das kann in dieser Phase nur der Staat sein.

Aber nicht nur in der Krise ist die ausfallende Konsumnachfrage normaler Konsumenten ein Problem. Sie kann auch in Zeiten eines gemächlichen Wachstums ein Problem sein. Und zwar, wenn Ungleichheit herrscht oder zunimmt.

Das ist das ökonomische Problem mit der Ungleichheit. Es gibt natürlich auch das moralische Problem mit der Ungleichheit: dass wir sie für ungerecht halten, oder dass wir bestimmte Ungleichheiten für gerecht halten, aber zu krasse Ungleichheiten für ungerecht.

Nehmen wir nur die Zahlen für Österreich. Was die Vermögen betrifft, ist es so: Die obersten zehn Prozent verfügen über rund 68 Prozent aller Vermögen. Und unter diesen Top-Zehn-Prozent sticht noch einmal das reichste oberste Prozent heraus. Dieser oberste Prozent verfügt über knapp 34 Prozent der Vermögen. Wenn wir von Ungleichheit sprechen, müssen wir auch immer dazu sagen, was genau wir meinen. Meinen wir Vermögensungleichheit, also die Ungleichheit von Finanzbesitz, Immobilienbesitz, von Anlagevermögen? Oder Ungleichheit der Einkommen? Meinen wir alle Einkommensarten? Oder nur die Arbeitseinkommen? Das ist wichtig, wenngleich es auf all diesen Feldern ähnliche Ungleichheiten gibt und vor allem die Dynamik eine ähnliche ist. So haben bei den lohnsteuerpflichtigen Einkommen, also den Einkommen aus unselbständiger Arbeit, die untersten 20 Prozent 1976 noch 4,8 Prozent der Löhne und Gehälter erhalten, bis 2008 ist deren Anteil jedoch auf 2,1 Prozent gefallen. Der Anteil am Kuchen, den die Schlechtverdiener erhalten, hat sich also in dreißig Jahren mehr als halbiert. Dagegen ist der Anteil der obersten 20 Prozent im selben Zeitraum von 40,2 auf 47,1 Prozent gestiegen.

Manche Leute sagen, all das ist gerecht. Manche Leute sagen, all das ist sehr ungerecht.

Aber all das hat, von der Frage abgesehen, ob es gerecht oder ungerecht ist, auch seine ökonomischen Auswirkungen. Und ich würde sagen, vor allem negative. Andere würden vielleicht sagen, es gibt positive Auswirkungen. Welche positiven Auswirkungen wären denn denkbar? Wenn die Ungleichheiten wachsen, wenn manche viel verdienen, manche wenig, dann ist das ein Zeichen dafür, dass es sich richtig auszahlt, wenn man sich anstrengt. Dann werden sich mehr Leute anstrengen, und die Wirtschaft wird brummen. Das sagen jene, die positive Auswirkungen ausmachen. Aber letztendlich ist es nicht mehr als eine Behauptung. Man kann eigentlich keinerlei empirische Befunde dafür finden. Denn wäre es so, müsste ja die Wirtschaft wachsen, wenn die Ungleichheit zunimmt. Aber praktisch immer wächst sie langsamer, wenn die Ungleichheiten zunehmen.

Welche gesamtwirtschaftlichen Auswirkungen hat es also, wenn die Ungleichheit zunimmt? Die Konsumnachfrage bleibt hinter ihren Möglichkeiten zurück. Warum? Weil Leute, die nur mittelmäßig oder wenig verdienen, ihr Einkommen praktisch vollständig ausgeben. Ihre Einkommen fließen also in den Wirtschaftskreislauf zurück. Wenn aber ein beträchtlicher und wachsender Teil des Gesamteinkommens einer Volkswirtschaft zu jenen fließt, die ohnehin mehr Geld einnehmen, als sie brauchen, dann werden sie nur mehr einen Teil davon konsumieren, und einen größeren Teil sparen. Denn der dritte oder vierte Porsche macht einfach nicht mehr so viel Spaß.

Wenn die Ungleichheit steigt, steigen die Vermögensanlagen, weil die Reichen eine höhere Sparrate haben. »Sparen« ist natürlich ein unpräziser Begriff. Sparen kann man auf verschiedene Weise. Man kann sein Geld auf das Sparbuch legen, man kann Wertpapiere kaufen, etwa Staatsanleihen (also dem Staat Geld leihen), oder man kann Aktien kaufen oder noch spekulativere Anlagen, oder man kann auch in Immobilien investieren. Manches dieses »gesparten« Geldes fliest dann natürlich auch wieder in die Wirtschaft zurück – wer in Immobilien investiert, der sorgt auch dafür, dass der Baumeister oder der Installateur Einnahmen hat, und wenn er sein Geld auf die Bank legt, steht es Unternehmern als Kredit zur Verfügung – theoretisch steht mehr Kredit für Investitionen zur Verfügung, wenn mehr an Finanzvermögen da ist.

Aber nur sehr theoretisch: Denn erinnern wir uns, wir haben ja eine schwache Konsumnachfrage, weil wegen der Ungleichheit mehr Einkommen in Finanzanlagen fließt. Und warum sollte denn ein besonders tolles Investitionsklima herrschen, wenn die Konsumnachfrage unter ihrem optimalen Niveau ist? Warum sollte also jemand einen Kredit aufnehmen und investieren, wenn es an Konsumnachfrage fehlt? Natürlich werden in einer solchen Situation auch manche Unternehmen investieren, aber sie werden alle zusammen weniger investieren, als sie es täten, wenn das Konsumklima heiterer wäre.

Wie komplex die Dinge auch immer sein mögen, und wenn auch die Zusammenhänge kompliziert sind, so ist doch klar: Wenn die Ungleichheit wächst, verspielt eine Volkswirtschaft mögliche Nachfrage und damit auch Wachstums- und Wohlstandspotenzial. Deshalb ist es für eine Volkswirtschaft auf lange Sicht nachteilig, wenn die Ungleichheit wächst, und sie wird sich stabiler und prosperierender entwickeln, wenn die Einkommen gerechter verteilt sind und die Einkommenszuwächse gerechter verteilt werden.

Deshalb ist es keineswegs ein Vorteil, wenn man die Einkommensverteilung vollständig den Märkten überlässt – wobei »Märkte« in diesem Zusammenhang bitte in Gänsefüßchen gedacht werden soll. Denn was man hier gerne Marktkräfte nennt, ist im Grunde nur das Recht des Stärkeren. Und solche »Marktergebnisse« können dann langfristig nachteilige Auswirkungen haben.

Lassen Sie mich kurz zusammenfassen, was wir in diesem

Kapitel bisher erörtert haben. Wir haben gesehen, welche Modelle von »perfekten Märkten« sich die Mainstream-Ökonomen ausdenken und an welchen Typen von Märkten diese Modelle modelliert sind: an simplen Gütermärkten, Schuhmärkten, Hosenmärkten, Kartoffelmärkten. Wir haben auch gesehen, dass diese Märkte durchaus so effizient funktionieren. Gibt es zu viel Angebot von einem Gut, dann sinkt der Preis, es wird weniger hergestellt und der Markt produziert ein Gleichgewicht. Wir haben ebenso gesehen, dass es viele Sphären der Ökonomie gibt, die man salopp als Märkte bezeichnet, die aber nicht so funktionieren. Und wir haben zudem noch gesehen, dass wir die gesamte Entwicklung einer Volkswirtschaft, eines Gemeinwesens, nicht den Märkten überlassen können – oder besser, dass wir, wenn wir es tun, eben nicht das effizienteste, optimale ökonomische Ergebnis erzielen werden.

All das zeigt schon, dass diese Marktideologie Ideologie ist – etwas, das in einem bestimmten Bereich funktioniert, wird auf Sphären übertragen, wo es nicht funktioniert oder funktionieren kann. Wirklich fatale Auswirkung hat all das aber, wenn man es auf die Finanz- und Kapitalmärkte überträgt.

Die Ökonomen, die die segensreiche Wirkung der Märkte beweisen wollen, haben eine Theorie entwickelt, die sie die »Effizienz-Markt-Theorie« nennen: Kapital wird dann optimal eingesetzt, wenn es sich auf möglichst freien Märkten seine Investitionsmöglichkeiten suchen, heute hierhin, morgen dahin fließen, einmal in Aktien, dann wieder in hochspekulativen, strukturierten »Finanzprodukten« angelegt werden kann. Aber gerade die Kapitalmärkte sind höchst irrationale Märkte. Einmal strömen Milliarden an Dollar oder Euro in bestimmte Anlageformen, seien es Unternehmensanteile in den gerade angesagten »Emerging Markets«, seien es Immobilienzertifikate, wenn der Häusermarkt boomt, dann wieder in Staatsanleihen oder in komplizierte spekulative Titel.

Nur in den seltensten Fällen wird man auf Basis realwirtschaftlicher Daten mit einer vernünftigen Begründung vorhersagen können, dass eine bestimmte Geldanlage stetigen Gewinn verspricht. Eine Geldanlage lohnt auch nur, wenn ihr »Wert« am Markt steigt. Der »Wert« am Markt steigt aber dann, wenn morgen genügend Leute bereit sind, die Geldanlage zu einem höheren Preis zu erstehen, als ich sie heute erworben habe. Also: Wenn möglichst viele Leute *glauben*, dass sie weiter an Wert gewinnen wird. Deshalb sind die Kapitalmärkte so empfänglich für Herdentrieb, überspannte Euphorien, aber auch für Hysterie und Panik. Wenn viele zur gleichen Zeit das Gleiche kaufen, steigt das, was sie kaufen, im Wert; wenn es dagegen im Wert sinkt und alle in Panik versuchen, ihr Wertpapier loszukriegen, fällt es ins Bodenlose.

Normale Märkte reagieren, wie man das in der Sprache der Ökonomie nennt, »antizyklisch«, Kapitalmärkte reagieren »prozyklisch«. Was nichts anderes heißt als: Wenn auf normalen Märkten der Preis eines Gutes steigt, wird die Nachfrage sinken. Steigt der Preis einer Kapitalanlage aber, wird die Nachfrage zunehmen. Und vor allem umgekehrt gilt: Wenn der Preis einer Kapitalanlage sinkt, werden mehr und mehr Leute versuchen, die Kapitalanlage loszuwerden, sodass ihr Preis noch weiter sinkt.

Nun müssen wir aber natürlich fragen, wieso das eigentlich die Wirtschaft in Mitleidenschaft zieht. Wer Geld anlegt, ist vermögend, aber es ist ja nur Buchgeld. Er gibt das Geld nicht aus, er konsumiert es nicht. Er legt es an. Stellen wir uns einen Mann vor, der beispielsweise 100.000 Euro im Depot hat. Das steigt im Wert. Er hat dann vielleicht übermorgen 150.000 Euro im Depot. Und angenommen, daraufhin verfällt der Wert wieder, sodass er nur mehr 50.000 Euro im Depot hat. Wieso soll das, kann man jetzt fragen, Auswirkungen auf die Realwirtschaft haben? Es scheint uns doch so, dass es für den Konsum und damit für die Nachfrage und damit auch für die wirtschaftlichen Aktivitäten zusammengenommen völlig irrelevant ist, ob der Herr jetzt den Eindruck hat, dass er 150.000 Euro besitzt oder 50.000 Euro.

Dem ist aber nicht so. Die Finanzmärkte sind auf vielfältigste Weise mit der Realwirtschaft verbunden. Jemand, der 200.000 Euro an Vermögen besitzt und jährlich auch noch 50.000 Euro Einkommen hat, der wird von diesem Einkommen vielleicht alles konsumieren – er muss ja nicht mehr sparen, er ist ja ohnehin schon reich.

Wenn sein Vermögen plötzlich auf einen Bruchteil zusammenschrumpft, wird er wahrscheinlich seine Konsumausgaben reduzieren und seine Sparrate erhöhen. Auch ist er plötzlich von einer Stimmung wirtschaftlicher Euphorie in eine der wirtschaftlichen Verunsicherung gefallen, und da denkt er sich, *besser, man legt mehr zur Seite, man weiß ja nicht, was noch kommt.*

Wenn das viele Leute gleichzeitig tun, ergibt das einen empfindlichen Nachfrageeinbruch.

Und diese »reichen Leute« sind ja nicht immer reich. Ein »reicher« Mann hat vielleicht ein Vermögen von 200.000

Euro und Schulden von 150.000 Euro und sonst ein kleines Einkommen – so wie Sie oder ich. Und dieses Vermögen von 200.000 Euro ist das Haus, in dem er wohnt. Er fühlt sich reich, weil sein Haus im Wert gestiegen ist, er hat einen Kredit laufen, den er abstottert und der mit dem Haus besichert ist. Wenn das Haus jetzt im Wert sinkt, ist er ein Hausbesitzer mit kleinem Einkommen, sein Haus ist 70.000 Euro wert, aber er hat Schulden von 150.000. Aus unserem reichen Mann ist über Nacht ein überschuldeter Mann geworden. Er wird seine Konsumausgaben sehr einschränken.

Da sich wegen dieser vielen Rückkopplungen von Finanzmarktentwicklungen auf die Realwirtschaft – diesen beschriebenen negativen Rückkopplungen – die wirtschaftlichen Aussichten verdüstern, werden die Unternehmen nicht mehr investieren. Einkommen gehen zurück. Die ersten Arbeiter werden entlassen. Dann die nächsten.

Möglicherweise ist auch unser Hausbesitzer darunter, der gestern noch ein scheinbar reicher Mann war – und heute ist er überschuldet, mit niedrigem Einkommen, von dem er seinen Kredit zurückzahlt. Jetzt wird er noch arbeitslos. Und das mit den Ratenzahlungen funktioniert nicht mehr.

Möglicherweise ist er wirtschaftlich nicht sehr geschickt. Er zahlt seine Kreditraten nicht, wird gepfändet, von der Bank aus dem Haus geworfen und so weiter. Aber vielleicht ist er ja noch einigermaßen weitblickend – weiß, dass er seine Kredite bald nicht mehr bedienen kann, und denkt sich: *Ich verkauf das Haus*. Er wird in dieser Phase feststellen: Er ist nicht der Einzige, der auf diese Idee gekommen ist. Weil viele Tausend Leute in der gleichen Situation sind wie er, stehen Tausende Häuser zum Verkauf. Es gibt viel mehr

Angebote als Leute, die Häuser kaufen wollen. Unser Mann wird sein Haus möglicherweise nicht loskriegen. Und wenn er es loskriegt, dann nur zu einem sehr niedrigen Preis. Denn weil viele Leute gleichzeitig verkaufen wollen, weil sie das müssen, fallen die Häuserpreise noch mehr in den Keller.

Hinzu kommt natürlich: Wenn kaum mehr jemand Häuser kaufen will, existierende Häuser, wird natürlich schon überhaupt niemand mehr auf die Idee kommen, neue Häuser zu bauen. Baufirmen haben kein Einkommen mehr, Installateure nicht mehr und so weiter.

Und so wie mit den Häusern funktioniert das natürlich auch auf allen anderen Märkten für Wertanlagen – denn ein Haus, das hat zwar auch einen Nutzwert, der bleibt von all dem unberührt, sofern es nicht verfällt, aber es hat auch eine Funktion als Wertanlage, und um die geht es hier.

Wenn die Finanzmärkte einbrechen – weil etwa die Immobilienbranche kracht oder weil die Investorenherde so lange Hightech-Aktien gekauft hat, bis auch der Letzte das Gefühl hat, die sind jetzt aber eigentlich überbewertet, und die Finanzanlagen massenhaft verkauft werden, aus welchen Gründen also immer –, setzen genau solche Rückkopplungsschleifen ein, die eine Abwärtsspirale in Gang setzen.

Im Finanzwesen kommt noch etwas hinzu, was wir am Beispiel unseres Hausbesitzers schon angedeutet, aber noch nicht ausreichend deutlich ausgeführt haben: Vermögen stehen ja meist auch Verbindlichkeiten gegenüber. Wenn Banken oder andere Finanzmarktakteure fette Vermögenswerte in ihren Büchern haben, dann können sie auch mehr Kredite vergeben, selber investieren. Auf der einen Seite stehen Vermögen, auf der anderen Verbindlichkeiten und

Zahlungsverpflichtungen. Die Zahlungsverpflichtungen will man in aller Regel ja nicht aus den Vermögen bedienen, sondern aus dem Cashflow, den Einnahmen. Wenn Sie einen Kredit aufnehmen, und Sie haben ein Einkommen von 2000 Euro und ein Geldvermögen von 20.000 Euro, dann haben Sie ja normalerweise nicht vor, die Kreditraten aus Ihrem Vermögen zu bezahlen, sondern aus Ihrem Einkommen. Stellen wir uns jetzt aber vor, die Einnahmen der Banken gehen zurück, und es geht übrigens auch Ihr Buchvermögen zurück, weil die Papiere, die Sie als Aktiva in Ihren Büchern haben, ja an Wert verlieren.

Was bedeutet das jetzt? Was passiert in einer solchen Situation? Die Bank hat weniger Vermögen. Und ihr Einkommen geht zurück. Ihre Verbindlichkeiten bleiben aber. Und irgendwann wollen der Bank auch andere Banken kein neues Geld mehr leihen. Zumal es ja in einer solchen Situation allen Banken schlecht geht. Was passiert dann? Die Bank wird versuchen, Vermögen zu verkaufen – also Wertpapiere. Das heißt: Wertpapiere, die ohnehin schon im Wert gefallen sind, werden auf den Markt geworfen. In einer Situation, in der alle ökonomische Probleme haben, also alle diese Wertpapiere auf den Markt werfen. Was passiert dann? Nun, ihr Wert verfällt selbstverständlich noch mehr. Das Buchvermögen der einzelnen Finanzmarktakteure wird noch geringer. Dann muss noch mehr auf den Markt geworfen werden – und so weiter. Wenn man einmal so weit ist, dann ist das die berühmte Kernschmelze auf den Märkten.

Aber gehen wir noch einmal zurück: Haben wir nicht gehört, dass Märkte zu einem Gleichgewicht tendieren? Wenn zu viel von etwas angeboten wird, dann sinkt der Preis, und wenn es Knappheit gibt, dann steigt der Preis. Und umgekehrt: Wenn der Preis steigt, sinkt die Nachfrage.

Auf Finanzmärkten ist das aber umgekehrt: Wenn der Preis steigt, steigt auch die Nachfrage. Wenn der Preis eines Finanzprodukts steigt, wollen es immer mehr Leute haben, sodass der Preis immer mehr steigt. Es ist, als würde der Bauer am Kartoffelmarkt schreien: *Meine Kartoffeln sind die teuersten!*, und ihm deshalb die Leute die Knollen aus der Hand reißen. Und noch etwas: Es ist ja nicht nur der Trend zum Teuersten, sondern das Umsatzvolumen als Ganzes steigt im Boom. Wenn die Vermögenswerte in den Büchern wachsen, können die Banken mehr »Geld« produzieren. Sie können mehr Kredite vergeben, noch mehr Wertpapiere emittieren und so weiter. Das heißt, im Boom erweitert sich der ganze Markt. Geld kann unbegrenzt geschaffen werden. Und Geld etabliert mehr Geld, und mehr Geld etabliert noch mehr Geld.

Dies nur als Andeutung. Wie Banken Geld schaffen, werden wir uns im dritten Kapitel genauer ansehen.

Aber bleiben wir bei diesen sich verstärkenden Rückkopplungsschleifen. Das ist ja genau das Gegenteil von normalen Märkten: Auf normalen Märkten wirkt die Gleichgewichtstendenz ja vor allem deshalb, weil mit knappen Gütern operiert wird. Geld ist aber in diesem Sinn kein knappes Gut. Im Boom ist es auf den Finanzmärkten in schier unbegrenzter Menge verfügbar. Und wenn der Boom dann zu Ende geht, dann reicht schon eine kleine Abwärtsbewegung, um eine fatale Abwärtsspirale in Gang zusetzen.

Das heißt also, die normalen Marktkräfte, die auf Gütermärkten so etwas wie ein Gleichgewicht produzieren, funktionieren auf Finanzmärkten überhaupt nicht. Im Gegenteil, wenn man hier die Marktkräfte ungezügelt wirken lässt, wird man fatale Krisen ernten.

Denn, beachten Sie: In den Exempel, die ich aufgeführt habe, hat noch nicht einmal irgendwer irgendjemanden betrogen. Es hat auch niemand übertrieben hasardiert und hochriskant spekuliert. Jetzt stellen Sie sich vor, wenn da auch noch Betrug, Übervorteilung und Hasard dazukommt, wie es im Finanzsystem endemisch ist und wie es vor allem im Boom endemisch wird – weil sich die gerissensten Akteure denken, *es gibt so viel Geld zu gewinnen mit ein bisschen Risiko, das geh ich ein.* Und wenn es einmal funktioniert, dann lecken sie Blut. Dann endet das in einem totalen Fiasko.

Aber dieser Hang zu übertriebenem Risiko und der Betrug sind gewissermaßen nur das Sahnehäubchen. Denn alleine aufgrund der Tendenzen zur Selbstverstärkung auf ungeregelten oder zu wenig regulierten Finanzmärkten ist es auch ohne dieses Sahnehäubchen so, dass die stetige Gefahr besteht, dass im Finanzsystem über Nacht praktisch alle Akteure schwer überschuldet sind und wie verrückt versuchen, Verbindlichkeiten abzubauen. Wenn das alle gleichzeitig machen, und das müssen dann alle gleichzeitig machen, dann kann das natürlich nicht funktionieren. Und dann können alle Banken, oder die meisten, kollabieren.

Mit Banken ist das freilich so, dass wir sie zum Funktionieren eines Wirtschaftssystems brauchen. Und deshalb muss man sie in einer solchen Situation dann retten. Das ist einerseits unumgänglich – andererseits wissen das die Banken auch. Wenn sie einmal die Erfahrung gemacht haben, *wir werden schon gerettet*, dann werden sie beim nächsten Mal möglicherweise noch mehr Risiko eingehen.

Aber auch wenn die Banken gerettet sind, bleiben sie für lange Zeit angeschlagen. Und das hat Auswirkungen auf das gesamte Wirtschaftssystem. Immer wieder treten Instabilitäten auf, immer wieder droht an einer neuen Ecke ein Zusammenbruch. Die Banken drohen zusammenzubrechen. Die Staaten müssen sie retten. Dann sind die Staaten so angeschlagen, dass bei ihnen ein Zahlungsausfall droht. Ihre Staatsanleihen will plötzlich niemand kaufen. Dann sind sie am Rande des Bankrotts. Aber man darf nicht vergessen: Diese Staatsanleihen sind auch Wertpapiere in den Büchern von Banken, Finanzinstitutionen, Versicherungen, Fonds. Wenn die im Wert verfallen, sind deren Bilanzen wieder in Schieflage. Dann droht erst recht eine zweite Runde der Bankenkrise. Und so weiter. Wenn der Flächenbrand erst einmal eingesetzt hat, dann ist er nur mehr sehr schwer zu stoppen.

Ich komme also zum Schluss. Indem man uns gesagt hat, dass alle Märkte »perfekte Märkte« sind, wenn man sie nur in Ruhe ließe, hat man das gesellschaftliche und politische Klima für Deregulierung in allen Sphären der Ökonomie geschaffen. Deregulierung von Gütermärkten, von Handel, von Dienstleistungen, Flexibilisierung von Arbeitsmärkten, Deregulierung von Finanzmärkten.

In der politischen Debatte gibt es diese gewohnte Zweiteilung: Die Linken sind eher skeptisch, was Märkte betrifft. Und die Konservativen und Wirtschaftsliberalen sind sehr für die Märkte. Aber vielleicht ist das eine absurde Dichotomie.

Märkte sind dort gut, wo sie nützliche Resultate zeitigen. Marktkräfte auf Gütermärkten haben nützliche Resultate.

Auf anderen Märkten haben sie fragwürdige Resultate.

Und auf wieder anderen Märkten, vor allem auf den Finanzmärkten, haben sie katastrophale Resultate.

So also hat uns eine fatale Wirtschaftsideologie die Marktwirtschaft in ein Fiasko gestürzt.

Auf welche Weise Finanzmärkte für Instabilität und Unsicherheit sorgen, damit will ich mich im kommenden Kapitel noch detaillierter beschäftigen, und zusätzlich – und damit zusammenhängend – die Frage behandeln, warum eigentlich die Eurozone in den vergangenen Jahren zum Zentrum der Krise geworden ist.

2.
BRENNT UNSER HAUS AB?

Warum die Europäische Union zum Zentrum der Finanzkrise geworden ist

Wir haben im vorangegangenen Kapitel gesehen, wie verschiedene Sektoren der Ökonomie funktionieren. Etwa dass Marktkräfte auf Gütermärkten tatsächlich oft vorteilhafte Resultate zeitigen, dass sie dazu beitragen, dass wir gute und bessere Güter haben, dass Ressourcen effizient eingesetzt werden, dass Kapital und Arbeit effizient eingesetzt werden und die Konsumenten jene Güter zur Auswahl haben, die sie auch wirklich wünschen und benötigen.

Natürlich kann man immer fragen, ob das die Güter sind, die die Welt braucht und ob die Konsumenten immer die Herren ihrer Wünsche sind, man kann auch die Frage aufwerfen, welche Rolle die Werbung in all dem spielt, aber da kommen wir schon auf ein Terrain, das viel mit Ethik zu tun hat, auch mit moralischen Fragen, und wir bewegen uns vom eigentlichen Feld der Ökonomie weg.

Wir haben aber auch gesehen, dass es nachteilige Folgen hat – und zwar: ökonomisch nachteilige Folgen –, wenn man Marktkräfte auf anderen Märkten wirken lässt. Auf den Arbeitsmärkten führen Deregulierung und Flexibilisierung zum Wachstum von Niedriglohnsektoren, zu höherer Arbeitslosigkeit, zu einem Wachstum von Ungleichheit, damit auch dazu, dass die Konsumnachfrage schwächelt und eine Volkswirtschaft unter ihren Möglichkeiten bleibt.

Und lassen Sie mich hier eines deutlich machen: Was heißt das denn, dass eine Volkswirtschaft unter ihren Möglichkeiten bleibt? Das heißt, dass weniger Wohlstand und Reichtum produziert wird als möglich wäre. Reichtum, gemessen in Output an Gütern und Dienstleistungen, normalerweise erfasst im berühmten BIP, dem Bruttoinlandsprodukt. Und natürlich ist das nur eine statistische Größe, und es ist eine sehr ungenaue Größe, wenn wir damit das »Glück«, das »Wohlbefinden«, den materiellen und immateriellen »Reichtum« einer Gesellschaft messen wollen. Es misst, was in einer Volkswirtschaft produziert und verkauft wird und misst damit auch, was die Bürger in einer Volkswirtschaft an Einkommen haben.

Allerdings, auch wenn es eine unpräzise statistische Größe ist, ist es doch keine sinnlose Größe. Wenn das Einkommen der Bürger kontinuierlich wächst, wenn die Arbeitslosigkeit sinkt und die materielle Bedrängnis der Menschen sinkt, dann wird es ihnen besser gehen. Wenn das Einkommen langsam wächst oder sogar sinkt, wird es den Bürgern eher schlecht gehen – sie werden die Dinge, die sie sich wünschen, nicht mehr kaufen können, sie werden vielleicht ihre Miete nicht mehr bezahlen können, sie werden sich bedrängt und unsicher fühlen, ja, womöglich wird sogar die nackte Angst in ihr Leben Einzug halten.

Und nur deshalb interessiert es uns doch, wie die Wirtschaft funktioniert: Weil wir wollen sollen, dass die Bürger, die Menschen, möglichst alle auf der Welt – aber weil wir auf die ganze Welt vielleicht weniger Einfluss haben, zunächst mal die Bürger unseres Landes oder Europas (worauf wir schon mehr Einfluss haben) –, ein gutes Leben führen, ohne Bedrängnis, zufrieden, vielleicht sogar mit so etwas wie Glück.

Und diesen Orientierungspunkt, diese Vision, sollen wir nicht aus den Augen verlieren bei allen technisch kniffligen Fragen: Wirtschaftspolitik soll eine ideologische Vision haben. Sie soll von den Idealen einer guten Gesellschaft inspiriert sein. Gut ist das, was funktionstüchtig ist und dazu beiträgt, dass so viele Menschen wie möglich ein gutes Leben führen können.

Denn die Menschen sind nicht für die Wirtschaft da, die Wirtschaft sollte für die Menschen da sein.

Und wenn ich gezeigt habe, dass es auf manchen Märkten eben keine vorteilhaften Auswirkungen hat, wenn man die Marktkräfte befreit, dann betrifft das vor allem die organisierten Kapitalmärkte. Lassen Sie mich noch einmal in anderen Worten zusammenfassen, was uns hoffentlich deutlicher geworden ist:

Während auf Gütermärkten eine wachsende Nachfrage für ein Gut zu steigenden Preisen und damit wiederum zu einer Drosselung der Nachfrage führt und auch zu einer Verknappung von Ressourcen und all den anderen wichtigen Prozessen, ist das auf Kapitalmärkten nicht der Fall.

Warum? Wenn ein Finanzinstrument im Wert steigt, simpel gesagt, wenn es teurer wird, wollen es nicht weniger Leute haben, sondern mehr Leute. Es kaufen noch mehr Leute und es steigt noch weiter in seinem Wert.

Finanzinstitutionen wie Banken, die solche Finanzinstrumente in ihren Büchern haben, haben dann einen Anstieg der Vermögenswerte auf der Vermögensseite ihrer Bilanz.

Das gibt ihnen natürlich die erweiterte Möglichkeit, Kredite zu vergeben oder Verbindlichkeiten einzugehen, sich selbst auf der anderen Seite wieder zu verschulden. Denn den Verbindlichkeiten stehen ja gewachsene Vermögenswerte gegenüber. Und diese Vermögenswerte sind nicht nur Buchvermögen, sondern sie werfen auch Einnahmen ab. Zinsgewinne beispielsweise.

Man muss die Dinge immer fein auseinanderhalten. Ich kann Vermögen haben. Und gleichzeitig wirft dieses Vermögen Einnahmen ab. Ich habe beispielsweise ein Haus, das eine Million Euro wert ist. Von diesem Wert habe ich aber nichts, solange ich es nicht verkaufe. Wovon ich aber etwas habe, nämlich Einkommen, ist, wenn ich es vermiete. Oder von Aktien habe ich Dividenden.

Diese Finanzmarktakteure haben Vermögen, und sie haben Einkommen aus diesen Vermögen, und sie haben gleichzeitig auch Schulden. Kein Problem, denken Sie sich, da sie ja hoffentlich den Schuldendienst für diese Schulden – also Zinszahlungen und die Schuldentilgung – aus den laufenden Einnahmen, dem Cashflow, bestreiten können.

Was habe ich jetzt also gezeigt? Ich habe beschrieben, dass ein Finanzinstrument im Wert steigt und es dann immer mehr Leute haben wollen, sodass es noch mehr im Wert steigt, und dass das wiederum den Finanzmarktakteuren – Banken et cetera – die Möglichkeit gibt, neue Finanzinstrumente zu entwickeln, Geld zu schöpfen.

In der Realität ist es natürlich so, dass nicht nur ein Finanzinstrument – also ein Wertpapier – im Wert steigt, sondern möglicherweise viele. Aktienkurse steigen, Immobilienzertifikate steigen, raffinierte strukturierte Wertpapiere werden auf den Markt geworfen und auch sie gehen weg wie die warmen Semmeln, Staatsanleihen oder auch Unternehmensanleihen werfen stetig schöne Renditen ab. So ist das in der Phase, die man gemeinhin einen Boom nennt.

Dann passiert aber etwas sehr Entscheidendes.

Finanzmarktakteure, die über einige Jahre die Erfahrung gemacht haben, dass man mit solchen Geschäften wirklich schöne Renditen erzielen kann, werden sich ausrechnen, dass es eigentlich nicht sehr intelligent ist, hier nur Eigenkapital einzusetzen. Wenn sie selber Kredite aufnehmen, um damit Finanztitel zu kaufen, können die Renditen vielleicht noch erhöht werden. Ja, klar, dann müssen sie Zinsen für diese Kredite zahlen. Aber wenn die Zinsen für diese Kredite sehr viel niedriger sind als die zu erwartenden Renditen, dann ist das ja noch immer ein schönes Geschäft. Wenn ich mir eine Milliarde Euro leihen kann und dafür drei Prozent Zinsen zahle, aber neun Prozent Rendite erziele, na, das ist ja ein schöner Schnitt. Da kann ich viel reicher werden, als wenn ich nur meine 50 Millionen Eigenkapital einsetze.

Wir sehen also, in einer Phase des Booms, der verallgemeinerten Zuversicht, verändern sich die Finanzierungsgewohnheiten der Finanzmarktakteure, vielleicht zunächst nur unmerklich, dann immer mehr.

Und umgekehrt ist es so: Wenn dann der Boom zu Ende geht und Finanztitel im Wert fallen, dann wollen sie plötzlich alle loswerden – und gerade weil sie alle loswerden wollen, fallen sie noch mehr im Wert. Aber, wenn sich die Finanzierungsweise in der Finanzbranche von »vorsichtig« auf »risikoreich« verändert hat, dann wollen die Finanzmarktakteure die Wertpapiere nicht nur loskriegen, sie müssen es sogar. Denn sie haben ja Verbindlichkeiten, die sie plötzlich nicht mehr bedienen können. Sie brauchen dann ganz dringend »frisches Geld«, wie man das in dieser Sprache nennt.

Das heißt, die Veränderung der Finanzierungsgewohnheiten hat eine Ökonomie in Richtung »Instabilität« verschoben.

Aber betrachten wir noch einmal genauer, was da eigentlich passiert: Es versuchen plötzlich mehr Leute ein Finanzinstrument zu verkaufen – oder verschiedene Finanzinstrumente –, und es gibt sehr wenige Käufer am Markt. Das klingt jetzt simpel, ist aber eine dramatische Sache. Denn eigentlich betrachten Investoren ihre Wertpapiere ja als liquide Mittel, fast so wie gehortetes Bargeld. Es erweist sich aber in diesem Moment, dass das gar keine liquiden Mittel sind, denn wenn sie keinen Käufer finden, lassen sich die Vermögenstitel ja nicht verflüssigen. Diese Vermögenstitel sind dann, salopp gesprochen, »nichts wert«, oder, anders gesagt, ihr Marktwert lässt sich gar nicht feststellen, weil der Markt zusammengebrochen ist.

Und jetzt stellen Sie sich das einmal vor. Ich versuche das einigermaßen bildlich darzustellen. Stellen Sie sich vor, Sie haben ein Sparbuch mit 10.000 Euro und außerdem haben Sie noch eine Stereoanlage, ein paar schöne Schuhe und einen alten Teppich von der Oma. Und Sie denken sich, möglicherweise habe ich einmal akuten Finanzbedarf.

Natürlich können Sie sich ausrechnen, ja, wenn ich mal Kohle brauche, dann gehe ich zum Flohmarkt und kann meine Stereoanlage und meine gebrauchten Schuhe und den Teppich verkaufen. Es wird Ihnen aber immer klar sein, dass es durchaus möglich ist, dass niemand Ihre Stereoanlage, Ihre abgelatschten Treter und Ihren wundgescheuerten

Teppich haben will. Sie kommen gar nicht auf die Idee, das Zeug als liquide Mittel zu betrachten. Sie denken sich wohl eher so etwas wie: *Wenn ich's loskrieg, schön, wenn nicht, Pech gehabt.*

Aber bei dem Sparbuch mit 10.000 Euro gehen Sie sehr wohl davon aus, dass Sie jederzeit Geld abheben können. Das Sparbuch betrachten sie als liquides Mittel.

Wenn aber jetzt ein Markt für Finanzinstrumente zusammenbricht, dann machen Sie die Erfahrung, dass Vermögenswerte, die Sie als liquide angesehen haben, plötzlich nicht mehr liquide sind. Das kann aber sehr leicht passieren. Wenn 1000 Leute ein Wertpapier verkaufen wollen, und nur 900 wollen kaufen, dann ist es für 100 Leute illiquide. Die geraten in Panik, es spricht sich herum, und in der Folge wollen dann gleich 10.000 weitere dieses Wertpapier verkaufen.

Und wenn das in einem Umfeld passiert, in dem praktisch alle Finanzmarktakteure hohe Verbindlichkeiten haben, dann ist ein solches Finanzsystem praktisch in jedem Augenblick nur einen Wimpernschlag vom Zusammenbruch entfernt.

Es sind diese fatalen systemischen Effekte, deretwegen John Maynard Keynes zur Auffassung gelangte, »dass man es nicht dem Markt überlassen kann, für eine florierende Wirtschaft zu sorgen«. Und weshalb der amerikanische Ökonom Hyman Minsky, einer der großen Nachfolger Keynes, in seiner lebenslangen Arbeit gezeigt hat, »dass die internen Mechanismen kapitalistischer Volkswirtschaften instabilitätsfördernde Finanzbeziehungen hervorrufen«, dass das Funktionieren von Finanzmärkten automatisch zu wachsender

Instabilität beiträgt, sofern man sie nicht streng reguliert. Weshalb Minsky auch feststellte, dass der Marktmechanismus in manchen Details des wirtschaftlichen Lebens schon effizient ist, dass er aber im Finanzbereich katastrophale Auswirkungen hat: »Während wir die positiven Effekte freier Märkte bewundern sollen, müssen wir doch anerkennen, dass der Bereich effektiver und wünschenswerter freier Märkte begrenzt ist.«

Man muss das in seiner ganzen Tragweite erst einmal verstehen. Die neoklassischen oder neoliberalen Ökonomen sagen immer, dass Märkte »an sich« oder »prinzipiell« effizient funktionieren, und wenn etwas schiefläuft, dann muss irgendein außergewöhnliches Ereignis dran schuld sein. Aber es braucht kein außergewöhnliches Ereignis, die Instabilität erwächst aus dem normalen Funktionieren von Finanzmärkten.

Ich habe Ihnen nun zwei Zitate gebracht, von Keynes und Minsky, und möchte kurz ein paar Worte zum Stil dieser Texte sagen. Ich zitiere hier so wenig wie möglich und bringe auch so wenig wie möglich Modelle und Kurven ins Spiel. Ich versuche Ihnen die Forschungsergebnisse wichtiger Ökonomen, zu denen nicht nur Keynes und Minsky gehören, sondern Nobelpreisträger wie Paul Krugman und Joseph Stiglitz oder berühmte Ökonomen wie Nouriel Roubini und viele andere, hier in meinen eigenen Worten zu präsentieren. In der Literatur und der Fachwelt ist es ja üblich, dass man sich mit »Zitaten« absichert, so nach der Art: Seht her, nicht ich alleine behaupte das, sondern ich habe große Koryphäen auf meiner Seite. Ich spare mir das in diesem Buch. Ich möchte, dass Sie die Dinge so gut wie möglich verstehen, auch wenn sie kompliziert sind, und dass Sie sie so verstehen, dass Sie ein eigenes Verständnis dafür entwickeln – dann braucht es diese Rückversicherung der Koryphäen nicht.

Aber kommen wir zurück zur Sache: Ich habe geschildert, was passiert, wenn mehr Leute ein Finanzinstrument verkaufen wollen als es Käufer gibt und der Markt dann eintrocknet. Ich habe beschrieben, dass das eigentlich jederzeit passieren kann und ein solches System dann möglicherweise stets nur einen Wimpernschlag vom Kollaps entfernt ist.

Deshalb können Finanzmärkte gar nicht nach dem reinen Marktprinzip funktionieren und tun es auch nicht.

In jedem Finanzsystem gibt es Akteure, die man als »Market Maker« bezeichnet, die in genau so einem Fall einspringen, die, wenn ein Finanztitel droht, illiquide zu werden, da mehr Menschen oder Institutionen verkaufen wollen als Käufer am Markt sind, diese Finanztitel aufkaufen.

Das kann in letzter Instanz die Zentralbank sein, die Geld aus dem Nichts schafft – der Volksmund sagt dann: Sie druckt Geld, aber natürlich druckt sie es nicht, sondern schafft es auf Basis von digitalisierten Finanzoperationen – und die diese Finanztitel dann aufkauft, damit sie nicht unter einen bestimmten Wert fallen (einen Wert übrigens, den die Zentralbank recht eigensinnig festlegt). Solche Market Maker können aber auch große Banken sein, die, teils in Zusammenarbeit mit der Zentralbank, diese Rolle übernehmen – etwa, indem sie von der Zentralbank Zentralbankgeld erhalten und damit diese Aufkäufe durchführen. In diesem Fall tun sie das natürlich nicht, weil sie so versessen darauf sind, diese Wertpapiere, die gerade in den Keller fallen, zu kaufen, sondern weil sie wissen, dass sie selbst Leidtragende wären, würde der Markt zusammenbrechen. Sie betreiben gewissermaßen Marktpflege, damit der weiter funktioniert, so wie der Förster sich um den Wald und dessen ökologisches Gleichgewicht kümmert.

Und damit sind wir, völlig unbemerkt, schon mitten im Thema dieses Kapitels: »Brennt unser Haus ab? Warum die Europäische Union zum Zentrum der Finanzkrise geworden ist.«

Man sagt uns ja, dass die Krise der Europäischen Union eine Krise der Staatsschulden ist. Und dann sagt man uns noch, dass die betroffenen Länder eben unsolide gewirtschaftet hätten, und dass das der Hauptgrund für die Krise sei.

Und tatsächlich sind viele Länder der Europäischen Union stark verschuldet und die Schulden sind seit Ausbruch der Finanzkrise noch dramatisch angewachsen.

Allerdings sind die Schulden in allen Marktwirtschaften des Westens, die von der Finanzkrise wie von einem Hammer getroffen wurden, sprunghaft angestiegen.

Aber bevor wir uns die Zahlen im Detail ansehen, sollten wir noch ein paar Gedanken darüber verlieren, wie wir in unseren Volkswirtschaften Schulden überhaupt bewerten. Wir können natürlich den absoluten Wert angeben. 100 Milliarden. Oder 1000 Milliarden. Aber das ist kein besonders aussagekräftiger Wert, wie Sie leicht verstehen werden. Denn Sie, lieber Leser, haben vielleicht 30.000 Euro Schulden. Und eine andere Leserin hat vielleicht 50.000 Euro Schulden. Aber ob das viel ist oder wenig, kann man ja erst beurteilen, wenn wir Ihr Einkommen kennen. Für den, der ein Jahreseinkommen von 20.000 Euro hat, ist ein Schuldenstand von 30.000 Euro hoch, für jemanden, der ein Jahreseinkommen von 100.000 Euro hat, sind 50.000

Euro wenig. Es ist also immer entscheidend, wie hoch Ihr Schuldenstand in Relation zu Ihrem Einkommen ist.

Deshalb ist die Zahl, in der wir die Staatsschulden am liebsten ausdrücken, der Schuldenstand in Relation zum BIP, zum Bruttoinlandsprodukt.

Und da sehen wir zunächst, dass dieser Wert auf zwei Arten steigen kann. Er kann steigen, wenn die Schulden stärker wachsen als das BIP. Aber auch, wenn das BIP stärker sinkt als die Schulden. Also auch, wenn die Schulden gar nicht steigen, das BIP aber sinkt, dann sagen wir, die Staatsschulden steigen, weil die Staatsschulden ausgedrückt als Prozent vom BIP steigen – ausgedrückt eben als Relationswert, als Verhältnis Schulden im Vergleich zum BIP.

In einer so dramatischen Krise wie der, die wir im Jahr 2008 und den darauffolgenden Jahren erlebten, passiert nun viererlei:

Erstens, die Wirtschaft schlittert in eine Krise und der Staat hat weniger Steuereinnahmen, seine Ausgaben steigen aber automatisch, etwa für Arbeitslosenunterstützung, Sozialhilfe, was auch immer. Das ist übrigens der größte Brocken vom Defizit.

Zweitens, die Staaten mussten mit Milliardenhilfspaketen die Banken retten, auch dadurch stiegen die Staatsschulden.

Drittens, die Staaten versuchten, mit Konjunkturprogrammen die Realwirtschaft anzukurbeln, und auch das kostete Geld.

Und viertens ist über mehrere Perioden die Wirtschaftsleistung sogar geschrumpft, das heißt, das BIP ist kleiner geworden, wodurch sich die Schulden, die natürlich auch ganz gehörig in absoluten Zahlen gestiegen sind, im relativen Verhältnis zum BIP noch mehr erhöht haben.

Das geschah in allen westlichen Industriestaaten. In den USA, in Großbritannien, in Japan, in Österreich, in Deutschland, in Spanien. Natürlich waren manche Länder stärker betroffen als andere. Alle Länder wurden durch den Einbruch der Realwirtschaft in Mitleidenschaft gezogen, aber Länder, in denen sich zuvor eine Immobilienblase aufgepumpt hatte, wie die USA oder Spanien, waren stärker betroffen. Deren Banken waren stärker in Mitleidenschaft gezogen. Aber der Unterschied ist gar nicht so groß, da ja auch deutsche und österreichische Banken im spanischen oder amerikanischen Immobiliengeschäft involviert waren. Kurzum, alle waren betroffen, manche mehr, manche weniger. Man kann davon ausgehen, dass ein Land, das vor der Krise mit, sagen wir, 30 Prozent des BIP verschuldet war, hinterher mit 50 Prozent verschuldet war, und ein Land, das davor 50 Prozent Schuldenstand hatte, hatte danach 70 Prozent. Eines, das vorher 60 Prozent hatte, hatte 80, eines, das vorher 100 Prozent hatte, hatte 120. In einzelnen Ländern war der Anstieg steiler, vor allem dann, wenn die Finanzwirtschaft stärker in riskante Geschäfte involviert war, wie etwa in Spanien oder Irland. Von Island ganz zu schweigen.

So, und jetzt sehen wir uns einzelne Länder und ihren Staatsschuldenstand an, und zwar zu Beginn des Jahres 2012, also dem Höhepunkt dessen, was man die europäische Staatsschuldenkrise nannte:

Deutschland: 81 Prozent des BIP
Italien: 120 Prozent
Spanien: 68 Prozent
Großbritannien: 85 Prozent
USA: 110 Prozent
Japan: 241 Prozent

Da diese Länder so hohe Schulden haben, will ihnen niemand mehr Geld leihen, und deshalb steigen ihre Zinszahlungen und dann können sie das Geld nie wieder zurück zahlen und gehen pleite. Aber halt! Stimmt das überhaupt?

Wenn wir uns die Zahlen ansehen, dann sehen wir ganz erstaunliche Zusammenhänge, die sich auf den ersten Blick gar nicht erklären lassen.

Etwa dass es da Länder gibt, die heute historisch niedrige Zinsen für ihre Staatsanleihen zahlen, oft gerade einmal ein Prozent oder sogar null Prozent. Das heißt, Investoren leihen ihnen Geld für Niedrigstzinsen, und wenn man die Inflation berücksichtigt, sogar für Negativzinsen. Diese Staaten sagen den Investoren gewissermaßen: *Hey, wenn ihr mir Geld leiht, zahle ich euch weniger zurück, als ihr mir geliehen habt* – und ihnen wird trotzdem Geld geliehen.

Das sind paradoxerweise jene Länder, die extrem hoch verschuldet sind: die USA, Japan, Großbritannien, von der Eurozone sind nur wenige Länder dabei, Deutschland, auch Österreich.

So mussten die USA Ende 2012 für fünfjährige Staatsanleihen gerade einmal 0,62 Prozent Zinsen zahlen, der Verschuldungskaiser Japan überhaupt nur 0,2 Prozent.

Und dann gibt es Länder, die sind gar nicht so hoch verschuldet, etwa Spanien, oder Länder, die ähnlich hoch verschuldet sind wie die USA, zum Beispiel Italien, die mussten zeitweise Rekordzinsen von fünf, sechs oder sieben Prozent zahlen. So musste Spanien noch im Sommer 2012 Zinsen von sieben Prozent für zehnjährige Staatsanleihen akzeptieren, weil andernfalls niemand dem Land Geld geliehen hätte.

Und da fragen Sie sich jetzt sicherlich: Warum ist das so? Was läuft in der Eurozone speziell falsch, sodass sie zum Krisenherd der Welt geworden ist?

Dafür gibt es einen einfachen Grund. Oder besser: Es gibt natürlich mehrere Gründe, solche Dinge sind nie nur monokausal, sondern eine Reihe von Effekten wirken hier aufeinander, aber der erste und entscheidende Grund ist folgender:

Wenn sich ein großes, bedeutendes Land verschuldet, dann verschuldet es sich meist in Eigenwährung. Wenn sich ein kleines Drittweltland wie Ecuador verschuldet, dann meist in Dollar oder einer anderen Leitwährung. Oder nehmen wir ein Land wie Argentinien: Die Schulden notieren in Dollar, aber die Landeswährung ist der Peso.

Deshalb sind diese Länder so verwundbar. Aber bei den weltwirtschaftlich gewichtigen Ländern ist das anders. Ein Land wie die USA verschuldet sich, wie gesagt, in Eigenwährung, also in Dollar, ein Land wie Großbritannien in Pfund, ein Land wie Japan in Yen und so weiter. Hinzu kommt, dass sich große Länder auch noch manchmal in hohem Maße bei ihren eigenen Bürgern verschulden, was auch einen Unterschied macht. Aber das Wesentliche ist, dass sie das in Eigenwährung machen.

Wie verschuldet sich ein Land? Es verkauft Staatsanleihen. Also: Die USA leihen sich, sagen wir, eine Milliarde Dollar auf zwei, fünf oder zehn Jahre, das heißt, die Regierung erhält eine Milliarde von Anlegern und die Anleger erhalten im Austausch ein Papier, das ihnen versichert, dass sie nach zehn Jahren diese Milliarde zurückerhalten, und darüber hinaus bekommen sie jedes Jahr ein Prozent Zinsen oder zwei oder was auch immer.

Tatsächlich haben die Anleger natürlich keine vollkommene Garantie, dass sie ihr Geld zurückerhalten – der Staat kann ja pleitegehen, also die Bedienung seiner Zahlungsverpflichtungen einstellen –, aber bei Ländern wie den USA, Japan und Großbritannien haben sie eine implizite Garantie.

Denn sie wissen ja: Die Zentralbank ist dort der Herr über die Geldproduktion und im Notfall druckt diese Geld. Das heißt, sie wissen, sie kriegen ihr Geld in jedem Fall zurück, höchstens ein wenig um Inflation entwertet, aber sie kriegen es zurück. Dass sie gar nichts zurückkriegen, weil ein Staatsbankrott eintritt, das kann eigentlich nicht passieren. Sie haben eine Garantie, dass sie es zurückbekommen.

Etwas anderes ist das aber in Ländern, die sich in Fremdwährung verschulden.

Und dann gibt es noch so ein Zwitterwesen, das sind die Mitglieder der Eurozone, der Europäischen Union.

Sie verschulden sich natürlich auch in Eigenwährung, jedenfalls gefühlt: Der Euro ist ja ihre Währung, was soll denn sonst ihre Währung sein?

Aber technisch gesehen ist es eine Fremdwährung.

Weder hat die griechische noch die spanische noch die österreichische Regierung Zugriff auf die eigene Währung, dafür sind die nationalen Notenbanken nicht mehr zuständig, diese Hoheit hat die Europäische Zentralbank. Jetzt könnte die Europäische Zentralbank auch sagen: Wir garantieren, dass kein Eurozonen-Land pleitegeht. So wie das die Zentralbank Fed in den USA sagt, so wie das die britische Zentralbank sagt und die japanische Zentralbank – oder besser und genauer: die sagen das nicht, sie müssen es gar nicht sagen, da alle Marktteilnehmer über die implizite Garantie gewissermaßen »instinktiv« Bescheid wissen.

Eine solche implizite Garantie könnte die Europäische Zentralbank auch abgeben, aber sie hat sie nicht abgegeben, weil das in den europäischen Verträgen nicht vorgesehen war, sie gibt auch heute diese Garantie nicht, obwohl EZB-Chef Mario Draghi im Herbst 2012 einen bemerkenswerten Schwenk in diese Richtung machte. Er kündigte an, die EZB werde »unbegrenzte Aufkäufe von Staatsanleihen« vornehmen, was de facto einer solchen Garantie sehr nahekommt – woraufhin sich übrigens die Euro-Krise auch merklich entspannte.

Bis dahin aber hat die EZB, ganz im Gegenteil, immer wieder klargemacht, dass eine Vergemeinschaftung von Schulden nicht ihre Aufgabe ist und dass angeschlagene Euro-Länder pleitegehen können. Aber nicht nur die EZB hat das getan, vor allem die wichtigen europäischen Regierungen haben das immer wieder verdeutlicht. Angela Merkel hat im Wahlkampf in Nordrhein-Westfalen von den Tribünen heruntergedonnert, dass mit deutschem Geld sicher nicht faule Griechen gerettet würden.

Und damit hat sie an die Investoren ein Signal gesendet: Hey, wer griechische Staatsanleihen kauft, wer spanische kauft, wer italienische, überhaupt wer Eurozonen-Länder-Staatsanleihen kauft (es kann ja jedes Land treffen), der kann um sein Geld umfallen. Ein Finanzinstrument, das Anleger üblicherweise als sichere Anlage ansehen, wurde also plötzlich zu einer unsicheren Anlage.

Was haben die Investoren gemacht? Was würden Sie tun in so einem Fall? Nun, sie haben ihr Geld aus griechischen Anleihen abgezogen, sie haben in jedem Fall keine neuen mehr gekauft, und die angeschlagenen Eurozonen-Länder mussten Horrorzinsen anbieten, damit ihnen überhaupt noch jemand Staatsanleihen abkaufte. Und stattdessen kaufen sie amerikanische, japanische, britische und deutsche Staatsanleihen.

Das war natürlich zu erwarten. Damit haben wichtige Spitzenpolitiker und EZB-Funktionäre in Europa die Eurozone in Brand gesetzt. Natürlich, die Staatsschulden in Spanien und Irland sind drückend und in Griechenland war überhaupt alles ziemlich miserabel und nicht nachhaltig, aber dass daraus ein Flächenbrand werden konnte, der die Eurozone als Ganzes infrage stellt, haben erst diese Signale bewirkt und die Verunsicherung der Investoren, die dadurch entstand, dass sie gesehen haben, dass die EZB nicht als Market Maker, als Kreditgeber letzter Instanz, agiert, wie das aber auf entwickelten Finanzmärkten notwendig wäre.

Was ist dann passiert? Staatsanleihen werden ja nicht nur bei der Ausgabe versteigert, es gibt für sie auch einen Sekundärmarkt. Sie können gehandelt werden. Wenn ich also der Besitzer einer Staatsanleihe im Wert von 100 Millionen Euro bin, dann kann ich Ihnen die verkaufen. Wenn nichts Gröberes passiert ist, was die künftige Zahlungsfähigkeit des betreffenden Landes infrage stellt, wird der Preis, den Sie mir zu zahlen haben, vom Ausgabepreis nicht so stark abweichen. Sie müssen mir, simpel gesagt, auch 100 Millionen zahlen, bloß dass dann eben Sie die Zinsen kassieren.

Wenn aber die Zahlungsfähigkeit des Landes zwischenzeitlich infrage gestellt wurde, werden Sie mir vielleicht nur 60 Millionen für die Staatsanleihe zahlen, für die ich 100 Millionen bezahlt habe – oder 40 Millionen oder überhaupt null Millionen, dann nämlich, wenn ich keinen Käufer für meine Papiere mehr finde. Das ist dann der Marktpreis der Anleihe, und der ist dann offensichtlich gefallen.

Diese Staatsanleihen finden sich auch in Büchern von Banken, als Vermögensbestände. Nun, wenn der Marktpreis in den Keller fällt, schrumpft plötzlich auch das Buchvermögen der Banken. Sie müssen sich dann vielleicht ihrerseits von Finanztiteln trennen, weshalb die Abwärtsspirale weiter in Gang kommt.

Und auf diese Weise kann es geschehen, dass aus einer Bankenkrise eine Staatschuldenkrise wird und aus der Staatsschuldenkrise wieder eine Bankenkrise und so weiter – das Karussell dreht sich nach unten.

Wenn man diese Mechanismen und die dahinterliegende Investorenpsychologie in Rechnung stellt – und vieles davon ist Psychologie, natürlich nicht alles, manches ist brutale Spekulation, manches hat damit zu tun, dass manche Investorengruppen bestimmte Staatsanleihen nicht mehr halten dürfen, wenn sie ein schlechtes Rating durch Ratingagenturen haben –, muss man eines noch deutlich machen:

Wenn eine Zentralbank garantiert, dass sie Staatsschulden abdeckt, einen Staat nicht pleitegehen lässt, dann tendiert man sofort zu dem Reflex: Na, das kann aber teuer werden.

Aber es ist fast das Gegenteil wahr. Ja, es kann theoretisch teuer werden. Aber es wird nicht teuer werden. Warum?

Wenn eine Zentralbank das nicht garantiert, dann sehen Investoren die Anlage als unsicher an, dann müssen die Staaten hohe Zinsen zahlen, dann werden sie wohl wegen der drückenden Zinslast irgendwann wirklich bankrottgehen – und das wird dann richtig teuer.

Wenn die Zentralbank aber die Sicherheit der Staatsanleihen garantiert, werden die Zinsen niedrig bleiben und der Bankrott wird gar nicht eintreten. Der Fall der Fälle tritt nicht ein, *weil* die Zentralbank das garantiert. *Weil* sie eine Garantie abgibt, wird der Fall, für den diese Garantie abgegeben wurde, höchstwahrscheinlich nicht eintreten. Und auf diese Weise trägt eine Zentralbank, die ihre Aufgabe richtig erfüllt, zur Stabilität des Systems bei, möglicherweise ohne überhaupt handeln zu müssen.

Das ist so ähnlich wie bei der staatlichen Einlagengarantie für Spareinlagen. Wenn es keine solche Garantie gibt, werden, sobald eine Bank auch nur im Geruch steht, in Schwierigkeiten zu sein, Sparer die Bank stürmen um ihre Einlagen abzuheben. Das ist dann der berühmte Bank Run, den keine Bank überleben kann, selbst eine gesunde nicht. Garantiert aber eine Regierung, dass selbst im Falle eines Fiaskos die Bankeinlagen gedeckt bleiben (im Notfall eben durch die Regierung selbst oder aus einem eigens eingerichteten Fonds ausbezahlt werden), so wird ein Bank Run vermieden, das Fiasko tritt also gar nicht ein.

Dass wir die Eurozone so konstruiert haben, dass formal selbständige Mitgliedsstaaten sich national verschulden, aber die Geldpolitik bei einer übernationalen Instanz liegt, auf die diese Nationalstaaten keinen Einfluss mehr haben, bei einer Instanz, die ihre Verantwortung nicht wahrnehmen will oder darf, und deren Verantwortung von nationalen Regierungen dauernd infrage gestellt wird, all das ist der Hauptgrund dafür, dass die Eurozone zum Brandherd der Welt geworden ist.

Es gibt natürlich noch andere Gründe, die damit verbunden sind, die hier noch kurz erwähnt werden sollen.

Einer der Gründe war, dass sehr unterschiedliche Volkswirtschaften zu einer Währungszone zusammengefasst worden waren. Aber das war noch gar nicht das Hauptproblem. Das Hauptproblem war, dass die wirtschaftspolitischen Akteure die Eurozone selbst nicht als eine Volkswirtschaft betrachteten.

Was heißt das? Man tat immer noch so, als lebten nationale Volkswirtschaften nebeneinander her und, ja, stünden in Konkurrenz zueinander. Statt dass man sich überlegte, wie man diese große Eurozone ökonomisch homogener machen könnte, setzte man noch auf »Standortkonkurrenz«, als wäre Deutschland in Konkurrenz zu Österreich, so wie Deutschland in Konkurrenz mit China ist.

Dieses neoliberale Bild von der »Standortkonkurrenz« ist ja, kurzer Einschub, schon im globalen Verhältnis falsch. Denn in einer Kreislaufökonomie, und eine kapitalistische Marktwirtschaft ist eine Kreislaufökonomie, ist mein »Konkurrent« immer auch mein Partner, so wie beispielsweise mein Arbeiter auch mein Kunde ist. Oder alle Arbeiter zusammen die Kunden aller Unternehmen.

Und betriebswirtschaftlich ist es natürlich schön für ein Unternehmen, wenn es seinen Arbeitern und Angestellten niedrige Löhne zahlt, aber gesamtwirtschaftlich ist es für keines der Unternehmen schön, wenn jedes Unternehmen seinen Arbeitern und Angestellten niedrige Löhne zahlt, da diese Arbeiter gleichzeitig ihre Kunden sind und in einer Kreislaufökonomie die Einnahmen der Beschäftigten eben auch die Einnahmen der Unternehmen sind.

Und das ist im sogenannten globalen Wettbewerb genauso.

Man sieht das ja gerade jetzt in der Krise. Was wurde vorher über die »Konkurrenz« aus China geredet und der Teufel an die Wand gemalt. Heute ist man froh, wenn die Konkurrenz prosperiert, denn so kann sie uns die vielen Güter abkaufen. Anders gesagt: Wenn ich meine Konkurrenz niederkonkurrenziere, wie das das Bild von der Standortkonkurrenz nahelegt, dann werde ich selbst nicht froh, denn dann schwäche ich meinen Handelspartner. Aber das nur als kleiner Einschub.

Und was ist nun passiert in den vergangenen zehn Jahren? Die ökonomisch mächtigen, fortgeschrittenen europäischen Länder, Deutschland, Österreich, die Niederlande, haben ihre Vorteile systematisch ausgebaut. Wie haben sie das denn gemacht? Sie haben natürlich bessere Technologien entwickelt, sie haben ihre Produktivität erhöht. Aber sie haben auch die Masseneinkommen niedrig gehalten. Die Reallöhne sind gesunken, etwa im Niedriglohnsegment, und sie sind bei Normalverdienern nur geringfügig gewachsen. Und das trotz Wirtschaftswachstum und Produktivitätsfortschritt. Das heißt, der Reichtumszuwachs wurde nicht an die normalen Leute weitergegeben.

Ach ja, und dann hat man uns noch eingeredet, dass wir aber stolz darauf sein sollten, dass wir so viel »wettbewerbsfähiger« seien als unsere Nachbarn. Was nichts anderes heißt als: Dass wir stolz darauf sein sollten, dass wir weniger verdienen, uns weniger leisten können als unsere Nachbarn.

Das hat natürlich eine Reihe negativer Auswirkungen. Erstens ist die Ungleichheit gewachsen. Das ist grundsätzlich beklagenswert, da die soziale Gerechtigkeit auch in diesen Ländern, also auch bei uns, auf der Strecke geblieben ist. Aber es hat auch direkte ökonomische Auswirkungen.

Es wurden mehr Güter produziert, aber die Bürger hatten nicht mehr Geld in der Tasche, um sie zu kaufen. Die Konsumentennachfrage, die normalerweise Prosperität stimuliert, blieb hinter den Möglichkeiten zurück. Wer aber soll denn dann diese Güter kaufen? Wer soll dann die Einnahmen der Unternehmen erwirtschaften und damit auch die Einnahmen der Beschäftigten?

Die Güter muss man dann exportieren. Man hat sie überallhin exportiert, vor allem natürlich in die Länder, in denen die Konsumnachfrage nicht so zurückgefahren wurde.

Das waren beispielsweise die USA. Dort haben zwar die normalen, einfachen Leute auch schon lange keine Lohnsteigerungen erhalten, aber sie haben sich hoffnungslos verschuldet – nicht zuletzt infolge des Immobilienbooms und der kriminellen Machenschaften mancher Kreditgeber dort.

Oder man hat sie in die Länder der europäischen Peripherie exportiert, wo ein Boom herrschte und die Löhne und Gehälter stärker stiegen als hierzulande. Da aber in diesen Ländern die Löhne und Gehälter stiegen, während sie hierzulande kaum stiegen, wurden deren eigene Güter immer teurer, jedenfalls relativ. Deren Unternehmen haben sukzessive an Marktanteilen verloren, während deutsche und andere Unternehmen sie gewonnen haben.

Währenddessen feierte sich beispielsweise Deutschland als »Exportweltmeister« – und neuerdings immerhin als »Vize-Exportweltmeister«. Und es ist auch gar nichts Schlechtes daran, Exportweltmeister zu sein. Deutschland war nicht nur Exportweltmeister, Deutschland war Exportüberschussweltmeister. Es ist aber sehr wohl etwas Schlechtes daran, chronisch und langfristig Exportüberschussweltmeister zu sein, da dann andere Wirtschaftspartner dauernd unsere Güter kaufen, aber selber zu geringe Einnahmen haben, um diese Güter bezahlen zu können.

Wenn die einen chronisch und langfristig Exportüberschüsse produzieren, werden die anderen automatisch niederkonkurrenziert.

Möglicherweise sind in Ländern wie Griechenland und Spanien die Löhne auch ein bisschen zu schnell gestiegen. Und ganz sicher sind sie hier zu wenig gewachsen, nicht nur vom Standpunkt der Gerechtigkeit aus, sondern auch vom Standpunkt einer nachhaltigen Entwicklung einer Volkswirtschaft.

Und aufgrund der gemeinsamen Währung hatten diese Länder eine Möglichkeit verloren, die sie normalerweise in einem solchen Fall gehabt hätten: Sie konnten ihre Währung nicht mehr abwerten, um so die Verluste in ihrer Wettbewerbsposition wieder aufzufangen.

Die Inhomogenitäten der Eurozone haben sich noch verschärft, statt dass sie sich langsam abgeschliffen hätten.

Und das alles, weil man absurderweise die einzelnen Nationen dieser großen Europäischen Volkswirtschaft als Player betrachtet hat, die miteinander in Konkurrenz stehen, zum Vorteil dessen, der in dieser Konkurrenz besser besteht. Aber dessen Vorteile sind natürlich extrem vergänglich. Ist der Partner stranguliert, hat man selbst Probleme am Hals.

Im Nationalstaat würde man natürlich nie auf die Idee kommen, dass ein solches Agieren eine vernünftige Strategie wäre. Man würde nie auf die Idee kommen, dass es Favoriten besser ginge, wenn es im Wettbewerb mit Ottakring besser bestünde. Oder dass Niedersachsen einen Teufel-kommraus-Dumpingkrieg mit Nordrhein-Westfalen führen sollte. Wenn eine Region prosperiert und eine andere darniederliegt, würde die Regierung natürlich Maßnahmen ergreifen, damit die darniederliegende Region wieder auf die Beine kommt. Abgesehen davon, dass Arbeitskräfte abwandern würden, was wiederum zu einem Ausgleich führte, der auf eine solche Weise zwischen Spanien und Deutschland, zwischen Griechenland und den Niederlanden nicht so leicht machbar ist, schon der Sprache wegen.

Das ist das eine Problem.

Das andere Problem, das dann endgültig Feuer an unser Haus gelegt hat, war die Art, wie man auf diese beiden Krisen nach der Finanzkrise reagiert hat. Auf die Krise der Realwirtschaft, ausgelöst durch diese Konkurrenz zum wechselseitigen Nachteil, und auf die Staatsschuldenkrise, ausgelöst durch das Nichtfunktionieren der Europäischen Zentralbank als Market Maker und als Kreditgeber letzter Instanz.

Man hat flächendeckende Austeritätsprogramme, Sparprogramme, aufgelegt. Alle Länder haben gleichzeitig begonnen, ihre Staatsausgaben zurückzufahren und ihre Budgets zu sanieren, und zwar nicht nur die angeschlagenen Länder, sondern auch die erfolgreichen Länder. Damit ist zusätzlich die Konsumnachfrage eingebrochen. Damit wurde noch einmal das Einkommen der Bürger reduziert, ebenso das Wachstum, manche Länder wurden in eine tiefe Rezession oder sogar eine Depression getrieben.

Und das hat seine Folgen: Die Steuereinnahmen gingen damit auch zurück, sodass selbst das Ziel – die Verschuldung zu reduzieren – nicht erreicht werden konnte. Europa ist insgesamt in eine Phase ökonomischer Schwäche hineingetrudelt, mit allen fatalen und katastrophalen sozialen Folgen, die das hat, und ohne dass irgendein positiver Effekt damit erzielt werden konnte.

Ehrlich gesagt, man kann ja manches verstehen, aber eines entzieht sich dem Verständnis: Wie man auf die Idee kommen konnte, dass man die Schulden reduzieren kann, indem man die Wirtschaft abwürgt.

So wurde, nachdem die Finanzkrise eigentlich von den USA ihren Ausgang nahm, Europa zum Brandherd der Weltwirtschaft.

3.
»KAPITALISMUS UND DIE GELDWIRTSCHAFT, DAS KANN JA EINFACH NICHT FUNKTIONIEREN«

Linke Mythen über die Krise

In diesem und im nächsten Kapitel will ich mich mit Mythen über die Krise beschäftigen: mit linken Mythen über die Krise und mit rechten Mythen über die Krise.

Der konservative und neoliberale Hauptmythos, mit allen seinen Spielarten, lautet: Die Krise ist nicht Folge der Entfesselung von Marktkräften, sondern von zu viel staatlicher Intervention und Regulierung.

Das ist ja generell ein beliebter Standard in der Argumentation von dieser Seite: Zuerst sagt man, man müsse deregulieren und das segensreiche Wirken der Marktkräfte entfesseln. Wenn das dann getan ist, die ökonomischen Resultate nachteilig oder desaströs sind, dann sagt man: Es sei offenbar nicht genug dereguliert worden; die Märkte seien noch zu sehr ins Korsett strenger Regeln eingespannt; der Staat müsse noch weiter verschlankt werden, dann würden die prognostizierten positiven Effekte gewiss eintreten, ganz sicher würden sie eintreten.

Mit dieser recht simplen rhetorischen Operation schirmt man sich auf dieser Seite gegen alle Evidenzen, gegen jedes Lernen aus Erfahrung ab.

Aber es gibt auch linke Mythen. Und es gibt natürlich auch

Mythen, die nicht so leicht als linke oder rechte Mythen charakterisierbar sind, die gewissermaßen »neutral« sind. Aber vielleicht sollte ich erst einmal erklären, was ich eigentlich meine, wenn ich etwas salopp von »Mythen« spreche.

»Mythen«, das kann in diesem Sinn mehrerlei bedeuten: recht simple Erklärungsmuster, beispielsweise die, die nach der einen, einfachen Erklärung suchen, die sich am Alltagsverstand der solide wirtschaftenden Hausfrau orientiert. Eine solche simple Weisheit wäre: »Schulden sind immer schlecht!«

Aber es können auch hochideologisierte, komplexe Erklärungsmuster sein, die vielleicht einen Aspekt der Wirklichkeit obsessiv übertreiben, auf dem herumreiten und hunderttausend logische – oder auch nur scheinlogische – Ableitungen vornehmen, um zu beweisen, was bewiesen werden soll. Etwa: »Der Kapitalismus muss, wegen seiner inneren Dynamik, irgendwann zusammenbrechen.«

Oder: »Das mit dem Geldsystem, das kann, wegen der Dynamik von Zins und Zinseszins, nie und nimmer funktionieren. Es muss irgendeinmal der Krach kommen.«

Erklärungen wie diese grassieren heute, und das auch in linken Milieus.

Ich will zunächst gar nicht behaupten, dass diese Erklärungen unbedingt falsch sein müssen. Ich will mir in einem ersten Schritt detailliert ansehen, was an ihnen dran ist. Ob da etwas dran ist. Oder ob das eher Glaubenswahrheiten sind, die möglicherweise richtige Aspekte herauszupfen, dann aber übertreiben, zu viel Gewicht auf sie legen, sie über die Wirklichkeit stülpen und alles ignorieren, was gegen ihre Annahmen spricht.

Die also ideologisch sind, denn es ist ja ein Charakteristikum von Ideologie, dass sie alles ausblendet, wegschiebt, ignoriert, teilweise aggressiv ignoriert, was ihr nicht in das vorgefasste Bild passt, und dass ihre Anhänger einen fast religiösen Glauben entwickeln, dass nur ihre Erklärung richtig sei; dass sie glaubt, den einen Aspekt gefunden zu haben, aus dem sich alles erklären ließe – also den Stein der Weisen. In einer etwas überdrehteren Version sind die Anhänger solcher Mythen sehr oft überzeugt, sie hätten die eine Erklärung gefunden, die ihnen von der korrupten Macht hätte vorenthalten werden sollen, denn, so sind sie sicher, die Macht versucht das zu verschleiern, aber sie hätten die verborgene Erklärung gefunden, sie hätten Geheimwissen entlarvt. Damit sind sie jetzt im Besitz von diesem Geheimwissen, und das bedeutet dann nicht selten, dass sie mit Kritikern ihrer Position nicht mehr in eine Debatte eintreten. Denn diese Kritiker sind in ihren Augen ja keine intellektuell redlichen Leute mit anderer Meinung, sondern gewissermaßen Agenten der Macht, die das Geschäft der Verschleierung betreiben.

Deshalb ist mit Ideologen so schwer zu diskutieren, und es ist deshalb sogar schwer, über jene Aspekte der Erklärungen zu diskutieren, mit denen die Ideologen möglicherweise sogar recht haben.

Mythen wie diese zeichnen sich in aller Regel auch dadurch aus, dass sie gerne monokausale Erklärungen anbieten. Kurzum, sie konzentrieren sich auf einen Aspekt, aus dem sich alles erklärt. Erinnern Sie sich noch, was ich im letzten Kapitel gesagt habe? Misstrauen Sie jedem, der Ihnen monokausale Erklärungen anbietet. Es sind immer verschiedene Effekte, die aufeinander wirken, die unsere Wirklichkeit ausmachen.

Eines der gefährlichsten Probleme mit monokausalen Erklärungen dieser Art kann ja auch sein, dass sie, sobald sie einen Aspekt der Wirklichkeit als die »eigentliche Ursache« aller Probleme analysieren – wobei dieser Aspekt aber gar nicht die »eigentliche Ursache« ist, sondern nur eine von vielen Ursachen –, immer versucht sind, alle anderen Aspekte und anderen Ursachen kleinzureden. Sie müssen ja beweisen, dass die nur Nebensachen sind – und auf diese Weise stehen Ideologien aktiv unserem Verständnis der Wirklichkeit im Wege.

Lassen Sie mich nun in der Folge von den einfachen Positionen zu den komplexeren kommen.

Die simpelste Position ist nun: Schulden sind immer schlecht.

Für den Hausverstand ist das ja leicht einsehbar. Wenn Sie mit Ihrem Geld auskommen, keine Schulden machen, nichts übermäßig riskieren, dann sind Sie auf der sicheren Seite. Sie sind kein Sklave der Bank, Sie können morgen vielleicht sogar entscheiden, *ach, ich häng meinen Job an den Nagel, schränke mich ein, ich komme auch mit 600 Euro aus, die kratze ich schon zusammen und bin Herr meines Lebens und kann morgens ausschlafen.*

Wenn Sie sich verschuldet haben, können Sie das nicht. Sie sind in Ihrer Freiheit eingeschränkt.

Aber es muss nicht ganz so simpel sein. Möglicherweise ist es so: Sie haben sich eine schöne Eigentumswohnung gekauft, ein wirklich schönes Loft, und müssen jetzt jeden Monat 1500 Euro an Rückzahlungen leisten. Macht ja nichts, Sie sind ja Abteilungsleiter bei einem großen Verlag, verdienen 4000 netto. Aber Sie sind zunehmend unglücklich im Job. Ihr Chef traktiert Sie. Er weiß, Sie sind das Schweinchen, das alles macht. Sie können natürlich kündigen. Sie sind sogar so gut vernetzt in der Branche, dass Sie sicher leicht einen anderen Job finden. Einen mit 5000 brutto, in dem sie dann 2500 netto verdienen. Aber dann bleiben Ihnen ja nur mehr 1000 Euro für alles andere nach den Kreditrückzahlungen, und Kinder haben Sie auch, und zwei schöne Autos, und der Urlaub ... Das geht sich dann alles nicht mehr aus, denken Sie sich.

Sie bleiben bei dem Chef, diesem Lümmel, und Sie bleiben das Schweinchen, das alles macht. Weil Sie Schulden gemacht haben.

Also: Schulden sind etwas Schlechtes.

Aber nicht nur aus der Perspektive der Privatperson. Auch ein Unternehmen, das bei der Bank verschuldet ist, kann, selbst wenn es hochsolide und profitabel ist, ganz schön unter die Knute der Bank kommen.

Auch Staaten, die hoch verschuldet sind, können zum Spielball der Finanzmärkte werden. Und so weiter.

Da liegt doch nahe, anzunehmen, dass Schulden etwas Schlechtes sind. Was soll schon gut an Schulden sein?

Aus all diesen Gründen stehen Schulden moralisch in einem schlechten Licht, und das hat sogar unsere Sprache geprägt. In »Schulden« steckt das Wort »Schuld«, und das bedeutet ja nicht nur, jemandem etwas zu schulden, wer Schuld auf sich lädt, begeht eine moralische Verfehlung. Die nüchterne Sprache der Ökonomie ist sogar auf beredte Weise verwandt mit der moralischen Sprache der Religion.

»Vergib uns unsere Schuld«, beten die Christen in der Kirche. Die Gläubigen. Und auch da fällt es uns wie Schuppen von den Augen. In der Kirche gibt's Gläubige, in der

Wirtschaft stehen den Schuldnern die Gläubiger gegenüber. Gläubiger, Glaube, Schuld und Schulden, Kredit und Credo. Gott offenbart sich den Gläubigen. In der Wirtschaft gibt es den Offenbarungseid. Die Religion verspricht Erlösung, eine gute Geschäftsidee verspricht Erlös.

Sprache hat manchmal etwas Frappierendes.

Aber sind Schulden wirklich immer so schlecht?

Werfen wir einmal einen kurzen, groben Blick darauf, wie sich der Wohlstand und die Wohlstandszuwächse in der Geschichte der Menschheit verändert haben. Und dann werden wir feststellen: Er ist über Jahrtausende gar nicht oder nur sehr langsam gewachsen. Die Güterproduktion und damit der Wohlstand hat sich allenfalls alle tausend Jahre verdoppelt, und selbst das ist ungenau. Den Wohlstand, den das Römische Reich erreicht hat, wurde mit dessen Untergang verloren, und wir haben das Niveau erst ein Jahrtausend später wieder erreicht.

Wir neigen dazu, in der konsumkritischen Attitüde, die wir uns antrainiert haben, das Niveau der Güterproduktion gering zu schätzen. Aber tatsächlich sagt es natürlich sehr viel über Wohlstand aus. Zunächst einmal über die Güter, die die Menschen zur Verfügung haben: Was haben sie zu essen, wie wohnen sie, welche Konsumgegenstände haben sie?

Und es sagt auch etwas über das Einkommen der Menschen aus. Und damit auch über eine Reihe anderer Dinge: Wie ist das Bildungsniveau, wie hoch der Analphabetismus, wie ist die Lebenserwartung? Es gibt kaum etwas, was aussagekräftiger ist.

Über Jahrtausende der Menschheitsgeschichte ist der

Wohlstand also sehr, sehr langsam gestiegen, hat sich allenfalls alle tausend Jahre verdoppelt. Bis dann im 17. oder 18. Jahrhundert etwas sehr Einschneidendes passiert ist: Seither ist die wirtschaftliche Entwicklung rasant. Alle vierzig Jahre verdoppelt sich der Wohlstand.

Was ist da passiert? Was ist es, das den großen Unterschied macht?

Nun, man kann nach verschiedenen Erklärungen suchen, beispielsweise könnte man sagen: Die großen Erfindungen haben plötzlich zu einem so rasanten Wachstum geführt. Aber warum begannen die Menschen, die ja nicht so viel gescheiter waren als die Menschen vor ihnen, plötzlich so viel zu erfinden? Und warum wurden die Erfindungen, die gemacht wurden, plötzlich auf so schnelle Weise verallgemeinert, sodass ein Stakkato an neuen Produktionsformen, neuen Technologien, neuen Anwendungen einsetzte? Jedes Jahr eine neue Innovation, im nächsten Jahr war sie allgemein umgesetzt, im übernächsten Jahr schon verbessert und verfeinert.

Es kann ja nicht nur daran liegen, dass die Menschen schlagartig so viel klüger waren.

Im Grunde können sich wohl alle Ökonomen auf folgende Erklärung einigen: Der große Wendepunkt war die Erfindung des Geschäftskredits.

Denn wie lagen die Dinge vor der Entwicklung eines modernen Finanz- und Kreditsystems? Wenn jemand eine gute Idee hatte, eine innovative Idee, eine Geschäftsidee, dann musste er drei, vier oder zwanzig Jahre warten, sparen, und dann konnte er sie umsetzen.

Mit der Entwicklung eines modernen Finanzsystems ging er zur Bank, überzeugte sie, dass das eine vielversprechende

Geschäftsidee ist, und setzte sie in die Tat um. Im folgenden Jahr ging die Fabrik in die Produktion.

Und jetzt stellen wir uns das einmal bildlich vor, denn da ging es ja nicht bloß um eine Person mit einer Geschäftsidee, sondern um viele, sehr, sehr viele: Bedenken Sie, was das bedeutet, wenn die nicht alle langsam, etwa in einer behäbigen Zehn-Jahres-Perspektive, ihre Ideen in die Tat umsetzen, sondern plötzlich in der Lage sind, schnell, im Handumdrehen, Unternehmen zu gründen – welche kumulativen Entwicklungen das hervorruft. Und dann kommt noch hinzu: Geschäftsideen werden möglich, die ein Einzelner ohne ein ausgebautes Finanzsystem *niemals* in die Tat hätte umsetzen können, weil sie so groß und grandios sind, dass er sich den Investitionsbedarf niemals hätte ersparen können.

Jemand, der ein Geschäft für Ochsenkarren hat, kann sich nie so viel Geld ersparen, dass er damit dann eine ökonomische Innovation wie die Eisenbahnen finanzieren kann. Das kann er nur, wenn es ein Finanzsystem gibt, das das Kapital, das dafür nötig ist, auf der einen Seite einsammelt und auf der anderen Seite seiner Innovation zur Verfügung stellt. Das ist der Grund für diesen immensen Innovations- und Wachstumsschub.

Aber was kam damit denn in die Welt? Massenhafte Verschuldung! Unser Unternehmer verschuldet sich. Er investiert auf Pump. Er geht eine Wette ein. Eine Wette auf zukünftige Erträge. Er sagt gewissermaßen: Ich wette, mit meiner Investition kann ich so viel Geld einnehmen, dass ich die Schulden zurückzahlen, dass ich die Zinsen bezahlen kann und auch noch genug Profit für mich übrig bleibt.

Aber was heißt das denn? Das heißt, dass unser Wohlstand, unsere moderne Welt, auf Schulden gegründet ist.

Und, noch einmal: Ich weiß ja, dass in unserer konsumkritischen Zeit das Wort »Wohlstand« nicht nur positiv konnotiert ist. Aber vergleichen wir einmal das Lebensniveau der normalen Bevölkerung von vor zweihundert Jahren mit heute. Damals saßen die einfachen Leute verlaust in ihren schimmelnden Wohnungen, es reichte gerade für eine Suppe, von den zehn Kindern haben sieben nicht überlebt, Schule, Bildung, lesen lernen, daran war nicht einmal zu denken. Die Lebenserwartung lag bei 28, 29, 30 Jahren. Dieser Wohlstandszuwachs bedeutete einen ganz grandiosen Gewinn an Lebensqualität für Hunderte Millionen Menschen.

Und worauf ist all das noch einmal begründet? Auf Schulden! Wie kann man da noch sagen, dass Schulden etwas Schlechtes sind?

Überlegen wir die Sache noch ein bisschen weiter: Wir haben ja gesehen, wie Dynamiken auf Finanzmärkten aus sich heraus zu Instabilität führen und zu regelmäßigen Finanzkrisen – zu sehr fatalen Finanzkrisen, wenn man sie nicht ordentlich reguliert. Und Krisen wie diese sind dann natürlich sehr fatal, an denen ist nichts Gutes.

Aber dennoch soll man auch eine Dimension im Auge behalten, die doch gerne übersehen wird. Nehmen wir nur unseren Eisenbahninvestor und den Bankier, der seine Investition finanziert. Stellen wir uns vor, unser Unternehmer verrechnet sich, baut die Eisenbahn, aber es geht sich, wie man so schön salopp sagt, finanziell nicht aus. Er geht bankrott. Und stellen wir uns vor, der Bankier geht auch bankrott. Das ist natürlich unangenehm für den Unternehmer, und es ist unangenehm für den Bankier. Und es kann in einem vernetzten Finanzsystem sogar für ganz viele Leute oder für eine gesamte Volkswirtschaft sehr unangenehm sein.

Doch eines wird gerne vergessen: Die Eisenbahn ist ja trotzdem gebaut. Ja, Geld ist weg. Aber ein nützliches Gut ist da. Es gab einen Krach, aber die Innovation ist geschehen. Der Nutzen, der gewissermaßen dennoch von dieser Innovation ausgeht, wird gerne übersehen. Denken wir nur an die späten neunziger Jahre: Sie waren vom Internet-Boom, vom Hightech-Boom beherrscht. Investoren aus aller Welt legten ihr Geld in Internet-Firmen, in Computer-Firmen, in Software-Firmen an. Hunderttausende kluge Köpfe saßen in diesen Firmen, entwickelten Smartphones, programmierten Software, was auch immer. Und dann folgte der Krach. Viele der Firmen gingen pleite, viele Anleger hatten Geld verloren. Aber das, was die Ingenieure und Programmierer und Bastler entwickelt hatten, war ja nicht verloren. Darauf gründen sich die schönen Hightech-Produkte, die uns heute oft so glücklich machen – und gelegentlich auch unglücklich.

Wir sind nun an einem Punkt, an dem es an der Zeit ist, über eines der kompliziertesten, komplexesten und, ja, fast mirakulösen Themen der Ökonomie zu sprechen. Nämlich über die Frage: Was ist eigentlich Geld? Und wie kommt es in die Welt?

Geld, sagen die Ökonomen, hat Wertbewahrungsfunktion und Tauschfunktion. Theoretisch kann Geld alles sein. In simplen Ökonomien sind Muscheln Geld. Sofern sie nur diese beiden genannten Funktionen haben: dass man Wert aufbewahren kann dass und man sie eintauschen kann. Ich kann 100 Muscheln vergraben, sie ein Jahr später ausgraben, und sie sind genauso wertvoll. Hoffentlich. Ich kann heute eine Muschel gegen einen Fisch eintauschen und in einem Jahr.

Geld ist also, das als Allererstes, extrem praktisch. Karl Marx nannte es das »allgemeine Äquivalent«. Und das war keine große Entdeckung von Herrn Marx. Denn es ist klar: in einer Ökonomie ohne Geld ist das Leben extrem unpraktisch. Wenn ich einen Sack Reis habe und einen Fisch will, muss ich mir denjenigen suchen, der einen Fisch hat und unbedingt Reis will. Nur mit dem kann ich in einer Ökonomie ohne Geld tauschen. Mit allen anderen nicht. In einer Geldökonomie verkaufe ich den Reis gegen Geld und kaufe mir den Fisch um das Geld.

Die neoklassischen und neoliberalen Ökonomen vertreten übrigens die Ansicht, dass sich darin die Funktion von Geld auch schon wieder erschöpft. Sie sagen, simpel gesagt: Egal, wie viel Geld in der Welt ist, auf welche Weise es angelegt ist, welche Geldanlagen zur Verfügung stehen, wie die Vermögen verteilt sind, es ist eigentlich für die Ökonomie irrelevant. Das Entscheidende ist, was in der Güterproduktion und der Realökonomie passiert, das Geld ist nur Schmiermittel. Sie nennen das die »Geldneutralität«. Geld ist eigentlich neutral. Was auch heißt: Störungen im Finanzsektor haben keine Auswirkungen auf die Realwirtschaft. Und Sie ahnen hoffentlich selbst schon, dass das jetzt ein ziemlich eigenwilliges Modell ist. In dieser ökonomischen Lehre kommt Geld nicht vor. Es ist neutral.

Einfach gesagt: Unser Erfinder hätte in diesen Modellen die Eisenbahn in jedem Fall gebaut, der Umstand, dass es ein Finanzsystem und Banken gibt, ist gewissermaßen ein unbedeutendes technisches Detail.

Muscheln können Geld sein. Aber in modernen Ökonomien ist Geld meist etwas anderes. Aber so ganz anders ist es auch wieder nicht, wie es scheint. Denn was gilt denn für die Muschel? Irgendjemand hat einmal gesagt, die Muschel ist Geld. Punktum. Die Muschel ist so und so viel wert.

Und das können eigentlich auch in modernen Ökonomien alle möglichen Leute machen. Jeder kann Geld schaffen, das ist nicht das Problem, das einzige Problem ist, es akzeptiert zu bekommen. Jetzt denken Sie sich vielleicht, das ist doch Quatsch, wenn ich Geld drucke und sage, das ist Geld, dann steht morgen die Polizei vor der Tür. Und die Bankenaufsicht erst recht.

Und damit haben Sie natürlich recht. Aber erstens wäre das vor zweihundert Jahren nicht unbedingt immer der Fall gewesen. Und vor allem: Geld *»ist«* ja nicht nur die Banknoten, die die Zentralbank druckt, und die Münzen, die sie prägen lässt. Geld ist Tausch- und Wertaufbewahrungsmittel.

Nehmen wir nun beispielsweise an, ich bin Unternehmer, ich habe eine Super-Firma und ich möchte Anteilseigner an meinem Unternehmen oder Leute, die Anleihen kaufen (mir also Geld leihen), dann kann ich, wenn wir jetzt von ein paar gesetzlichen Auflagen absehen, die ich zu erfüllen habe, natürlich Folgendes machen: Ich schreibe ein Papier, auf dem geschrieben steht, *Herr Maier zahlt mir 1000 Euro, dafür garantiere ich ihm – oder dem Inhaber dieses Papiers –, dass er am 1.1.2016 1000 Euro zurückkriegt und außerdem bis dahin jedes Jahr 50 Euro an Zinsen.*

Das kann ich machen. Es ist überhaupt kein Problem. Ich

muss nur den Herrn Maier dazu bringen, das zu akzeptieren, ich muss ihn nur dazu bringen, daran zu glauben, dass ich meine Zusagen einhalten werde. Und Herr Maier muss, wenn er Geld aus irgendwelchen Gründen schon früher braucht, einen anderen dazu bringen, dass er das akzeptiert und daran glaubt. Wenn ein allgemeiner Glaube da und akzeptiert ist, dass ich das dann im Jahr 2016 zurückzahle und meine Zinsen auch, dann ist das ein handelbares Papier. Es ist liquide. Es unterscheidet sich nicht so sehr von einem Geldschein.

Und selbst wenn ich in einer durchregulierten Ökonomie lebe, in der mir als Privatmann so etwas verboten ist: Banken ist es natürlich nicht verboten. Banken ist genau so etwas erlaubt. In Österreich übrigens sorgte Ende 2012 der Fall eines Schuhfabrikanten für Aufsehen, der genau so etwas gemacht hat und daraufhin Probleme mit der Bankenaufsicht bekam. Und zwar, weil sie sagt, wenn Sie so etwas machen wollen, dann brauchen Sie eine Banklizenz. Wer solche Papiere produziert, schafft in gewissem Sinne Geld.

Deshalb sind wir hier an einem Punkt, an dem wir mit ein paar Missverständnissen und Vorurteilen aufräumen können, die viele Leute hegen.

Der erste Glaube ist: Geld ist nur das, was die Zentralbank an Geldscheinen, Münzen und elektronischem Geld in Form von Zentralbankgeld in Umlauf bringt.

Nein, auch andere Wirtschaftsakteure, Banken insbesondere, können Geld schaffen – »Geld schöpfen«, wie das in der Sprache der Ökonomie heißt.

Und Banken sind in der Geldschöpfung zwar durch Regeln beschränkt – je nachdem, wie diese Regeln aussehen –, aber nicht vollkommen.

Denn das ist ja der zweite Glaube, den viele Menschen hegen: Dass die Banken nur das als Kredit verleihen können, was Sparer bei ihnen als Spareinlagen einlegen, und dass daher in diesem Prozess kein Geld geschaffen wird.

Ökonomen unterscheiden deshalb unterschiedliche Komponenten der Geldmenge:

· Das Bargeld, das im Umlauf ist, also Papiergeld und Münzen;

· Sichteinlagen, also das Geld, das elektronisch auf Sparkonten liegt und kurzfristig, »auf Sicht«, abgehoben werden kann, also jederzeit liquide ist;

· diese beiden Komponenten zusammen;

· Termin- und Spareinlagen: Sparbücher und alle Sorten von Wertpapieren, die nicht jederzeit liquide sind, aber natürlich gehandelt werden können;

· alle diese Komponenten zusammen.

Aber wie schaffen Banken Geld?

Sie haben Spareinlagen. Und sie wissen natürlich, dass niemals alle Leute gleichzeitig Geld abheben – wenn das doch der Fall ist, dann haben wir den beschriebenen Bank Run und ein riesengroßes Problem. Aber das kommt in normalen Zeiten nicht vor.

Sie müssen also nur einen Teil des Geldes liquide halten. Den Rest können sie als Kredit vergeben.

Das heißt: Wenn jemand einen Euro auf die Bank trägt, kann die Bank zehn Euro an Kredit vergeben. Oder 30. Oder 50. Das hängt von den Eigenkapitalregeln und Mindestreserveregeln ab, die wiederum in internationalen Abkommen und durch die Zentralbanken festgelegt sind.

Wir bewegen uns hier auf dem komplexesten Feld der Ökonomie überhaupt, sodass sich widerstreitende Theorien nicht einmal auf die einfachsten Fakten einigen können, ganz zu schweigen von der Interpretation der Fakten: Welche positiven oder möglicherweise auch negativen und riskanten Folgen hat das?

Ich werde Ihnen hier ein paar der Modelle vorstellen und gelegentlich auf die Differenzen zwischen diesen Modellen hinweisen.

Die Bank erhält also Geld und hält dieses Geld als Mindestreserve, kann aber viel mehr an Kredit vergeben.

Was geschieht da? Sie gehen auf die Bank, und Sie wollen einen Kredit, und die Bank eröffnet ein Kreditkonto und bucht Ihnen auf dieses – durch einen simplen Buchungsschritt – Geld. Sagen wir 100.000 Euro. Natürlich kann sie das nicht einfach so machen. Sie muss schon vorher Einlagen von 5000 Euro haben. Aber den Rest schafft sie einfach so. 95.000 Euro an Geld wurden »geschaffen«.

Daran sehen wir schon, dass die Zentralbank nur sehr bedingt Einfluss auf die Geldmenge in einer Volkswirtschaft hat.

Und wir sehen auch etwas Weiteres: Wenn sich im Boom die Werte auf der Vermögensseite der Bank erhöhen, kann sie auch mehr Kredit vergeben. Das heißt: Im Boom steigt die Geldmenge, dagegen kann die Zentralbank gar nicht viel machen.

Und das alles ist noch nicht das Ende vom Lied. Erinnern wir uns an zwei Dinge, die wir gesehen haben. Erstens: Für jeden Euro, den sie an Spareinlagen einnimmt, verleiht die

Bank zwei, fünf oder 50 Euro. Und das Zweite: Unsere Marktwirtschaft ist eine Kreislaufökonomie. Was bedeutet das denn, wenn man das zusammen denkt? Die Bank schöpft Geld, indem sie Kredite vergibt. Dieses Geld wird dann einem Kreditnehmer auf sein Konto gebucht. Der baut sich mit dem Geld ein Haus. Das geliehene Geld des Kreditnehmers wird also zur Einnahme des Installateurs, des Baumeisters, des Elektrikers und so weiter. Und damit auch zu den Einnahmen von deren Beschäftigten. Gut, die Beschäftigten konsumieren, der Baumeister konsumiert auch oder er investiert. Aber ein Teil des Geldes, dürfen wir annehmen, kommt wiederum als Spareinlage zur Bank. Die vergibt dann wiederum eine viel größere Summe als Kredit.

Die Bank hat also einen Euro als Einlage, vergibt 50 Euro Kredit, von dem kommen vielleicht wieder zwei Euro als Einlage zurück, sie vergibt wieder Kredit und so weiter. Auf diese Weise pumpt sich im Boom die Geldmenge auf.

Nun gibt es, wie bereits angemerkt, durchaus widersprüchliche Interpretationen dieses wundersamen Prozesses. Die einen sagen, die Banken erhalten Einlagen, halten diese als Mindestreserven und schöpfen, durch Kreditvergabe, durch Buchungsoperationen sehr, sehr viel mehr Geld, so wie gerade oben geschildert. Andere sagen: Hey, das ist eine völlig versponnene Verschwörungstheorie. Es ist doch gar nicht so, dass die Banken die Gesamtheit der eingelegten Spareinlagen als Mindestreserve ansehen und von denen dann eine ums Vielfache höhere Menge an Geld als Kredit ausgeben. Sondern es ist vielmehr so: Die Bank betrachtet einen Teil dieser Spareinlagen als Mindestreserve und gibt den Rest als Kredit aus. In diesem Modell wäre also alles ausgegebene Geld durch Einlagen gedeckt, beziehungsweise den ausgegebenen Krediten stünden Einlagen gegenüber. In diesem Modell findet Geldschöpfung durch Banken zunächst nicht statt.

Aber sie findet doch statt, darin sind sich nämlich beide Modelle einig, und zwar auf dem Weg, den wir schon gesehen haben: Die vergebenen Kredite verwandeln sich ja zu Einnahmen anderer Leute, die wiederum einen Teil dieser Einnahmen als Spareinlagen auf die Bank tragen, was wiederum die Möglichkeit bedeutet, weitere Kredite zu vergeben. Auf diesem Weg schöpfen Geschäftsbanken also jedenfalls Geld.

Und im Boom schöpfen sie mehr Geld. Im Boom bläst sich die Geldmenge auf. Darin widersprechen sich die beiden Modelle nicht. Sie widersprechen sich nur darin, um welchen Faktor die Geldmenge sich aufbläht, ob das in einem rasenden, exponentiellen Prozess geschieht oder in Form gemäßigten, stetigen Wachstums.

Und mit dem Wertwachstum von Wertanlagen, von »geldähnlichen« Wertanlagen wie Wertpapieren, aber auch von »nichtmonetären« Anlagen wie Immobilien, steigen die Möglichkeiten von Banken, Geld zu schöpfen (denn im Bankwesen können auch nichtmonetäre Güter monetarisiert werden, beispielsweise wenn jemand auf das alte Bauernhaus, das seit Jahrhunderten im Familienbesitz ist, einen Kredit aufnimmt).

Geld ist also, wie mir einmal ein Banker so schön sagte, das einzige ökonomisch relevante Produkt, das sich aus dem eigenen Betrieb heraus vermehren kann.

Was passiert aber, wenn der Boom zu Ende ist? Zunächst bleibt die Zentralbankgeldmenge gleich, aber die allgemeine Geldmenge sinkt: Denn Vermögenswerte verlieren an

Wert, die Banken vergeben weniger Kredite, und auch Firmen fragen, wegen des schwachen Konsumklimas, weniger Kredite nach. Also sinkt die Geldmenge.

Und da sind wir schon bei einem weiteren Mythos, der in der öffentlichen Diskussion in den vergangenen Jahren so oft zu hören war. Die Zentralbanken haben sehr viel Zentralbankgeld in den Wirtschaftskreislauf gepumpt, damit das Finanzsystem nicht eintrocknet. Und sofort haben die Leute gerufen: Jetzt kommt die Inflation! Die Hyperinflation wird kommen!

Das rufen sie jetzt seit fünf Jahren und es ist alles Mögliche gekommen, eine Schuldenkrise ist gekommen, schwaches Wachstum, die Arbeitslosenraten sind in schwindelnde Höhen gestiegen, aber das Einzige, was nicht gekommen ist, ist Inflation.

Und wir kennen auch schon die Erklärung dafür: Die allgemeine Geldmenge ist geschrumpft (beziehungsweise nicht außerordentlich gewachsen), obwohl die Zentralbankgeldmenge rasant gewachsen ist.

Das heißt nicht, dass nicht einzelne Güter teurer geworden sind, aber es ist kein allgemein inflationäres Klima: Es steht nicht mehr Geld der gleichen Anzahl von Gütern gegenüber, es ist nicht so, dass Firmen nominell mehr Geld einnehmen, schon gar nicht ist es so, dass die normalen Beschäftigten mehr Einnahmen haben – alles Voraussetzungen für ein allgemeines inflationäres Klima.

Und wir müssen eines auch bedenken: Wenn unser Wirtschaftssystem eine Kreislaufökonomie ist, dann spielt noch etwas anderes eine entscheidende Rolle. Es ist gar nicht so wichtig, ob ein Euro, zehn Euro oder tausend oder eine

Milliarde Euro im System sind. Die Frage ist ja auch, wie schnell das Geld seine Besitzer wechselt.

Nehmen Wirtschaftssubjekte, alle zusammen, eine Milliarde Euro ein und horten sie dann sechs Monate? Nun, dann ist Inflation keine so große Gefahr.

Aber nehmen sie die Milliarde ein und kaufen sich gleich morgen etwas Schönes, und der, der es einnimmt, gibt es auch gleich morgen wieder aus, dann ist das etwas ganz anderes. Die Umlaufgeschwindigkeit ist ein entscheidender Faktor. Im Boom erhöht sie sich, in der Krise verlangsamt sie sich. Gerade das kann dann wieder die Krise verschärfen. Und die Beschleunigung kann die Krise beenden.

Eine hübsche kleine Anekdote, die man sich in Kreisen von Finanzexperten gerne erzählt, verdeutlicht diese Zusammenhänge, die dem Common Sense oft kurios erscheinen:

»Die Zeiten sind schlecht, jeder hat Schulden und alle leben auf Pump. Ein reicher deutscher Tourist fährt durch eine irische Stadt und hält bei einem kleinen Hotel. Er sagt dem Eigentümer, dass er sich gerne die Zimmer anschauen möchte, um vielleicht eines für eine Übernachtung zu mieten und legt als Kaution einen 100-Euro-Schein auf den Tresen. Der Eigentümer gibt ihm einige Schlüssel. Als der Besucher die Treppe hinauf ist, nimmt der Hotelier den Geldschein, rennt zu seinem Nachbarn, dem Metzger, und bezahlt seine Schulden. Der Metzger nimmt die 100 Euro, läuft die Straße runter und bezahlt den Bauern. Der Bauer nimmt die 100 Euro und bezahlt seine Rechnung beim Genossenschaftslager. Der Mann dort nimmt den 100-Euro-Schein, rennt zur Kneipe und bezahlt seine Getränkerechnung. Der Wirt schiebt den Schein zu einer an der Theke sitzenden Prostituierten, die auch harte Zeiten hinter sich hat und dem Wirt einige Gefälligkeiten auf Kredit gegeben hatte. Die Hure rennt zum Hotel und bezahlt ihre ausstehende Zimmerrechnung mit den 100 Euro. Der Hotelier legt den Schein wieder zurück auf den Tresen. In diesem Moment kommt der Reisende die Treppe herunter, nimmt seinen Geldschein und meint, dass ihm keines der Zimmer gefällt und verlässt die Stadt. Niemand hat etwas produziert. Aber alle Beteiligten sind ihre Schulden los und schauen mit großem Optimismus in die Zukunft.«

So kurios, so magisch funktioniert unser Geld- und Wirtschaftssystem. Und da sagen jetzt natürlich einige: Mit unserem Geldsystem stimmt doch etwas nicht, das ist doch eine regelrechte Alchemie, wie das Geldsystem funktioniert, wir sollten die Geldschöpfung den Banken aus der Hand nehmen.

Wenn Geld als Kredit von Geschäftsbanken geschöpft wird, dann bringt das die Instabilität ins System. Deshalb sollte das voneinander getrennt werden – Kreditvergabe und Geldschöpfung. Einer der Vorschläge, der kursiert, ist die Idee eines »Vollgeldsystems«, wie das genannt wird. Die Idee ist ganz simpel: Nur mehr die Zentralbank soll Geld schöpfen dürfen. Alles Geld – also Banknoten, Münzen, aber eben auch jede Form von Buchgeld – soll nur mehr von der Zentralbank gestellt werden dürfen. Banken dagegen sollen tatsächlich nur mehr jene Gelder als Kredite vergeben können, die sie als Spareinlagen einnehmen. Technisch gesprochen: Die Mindestreserve, die Geschäftsbanken halten müssen, hat 100 Prozent zu betragen. Die Zentralbank kann dann die Geldmenge exakt steuern, eine Kreditblase, die die Geldmenge aufbläht, kann es dann nicht mehr geben, ebenso wenig die Schrumpfung der Geldmenge, wie wir sie in der Krise erleben.

Tatsächlich hätte ein solches System seine Vorteile. Aber natürlich auch Nachteile. Wenn Sparer ihr Geld von der Bank abheben, müsste die Bank automatisch einen Kredit fällig stellen oder auf andere Weise ihr Kreditvolumen reduzieren. Es wäre also nicht jede Quelle für Instabilität versiegt. Aber die Hauptquelle der großen Gewinne von Banken wäre ausgetrocknet, und sie würde sogar an den Staat fallen, bis zu einem gewissen Grad: Denn die Gewinne durch Geldschöpfung, und teilweise sogar die Gewinne aus den Kreditgeschäften, würden dem Staat und damit der Allgemeinheit zufallen, ohne dass der Staat damit gleich das gesamte Banken- und Finanzsystem übernehmen und zentral steuern müsste. Sparkonten und Kreditvergabe würden dezentral bleiben.

Eine weitere Diskussion dieses Modells will ich mir an dieser Stelle sparen, das würde zu technisch werden. Ich spare mir daher auch ein Urteil darüber, ob ein solches Modell unserem gegenwärtigen Modell überlegen wäre, oder besser: anderen Reformen unseres gegenwärtigen Modells.

Ein anderer Modus der Kritik, der Kritik an »unserem Geldsystem« als Ganzes, ist mit dieser Kritik verwandt, aber noch grundsätzlicher: Die Zinskritik. Sie stützt sich ganz wesentlich auf die Forschungen eines deutschen Kaufmannes, Silvio Gesell, und sie hat viele der Eigenheiten, die ich eingangs beschrieben habe. Ihre Anhänger hängen ihr mit dem Glaubenseifer und dem romantischen Schmuck an, die jene auszeichnet, die sich im Besitz eines Geheimwissens wähnen. Sie glauben, den alleinigen Schlüssel zur Erklärung gefunden zu haben und zeichnen sich nicht selten durch den nervtötenden Hochmut aus, den wir oft an Leuten beobachten können, die der Meinung sind, sie hätten das Geheimnis der Welt gelüftet, und alle, die sich ihren Lehren widersetzen, seien von dunklen Mächten gekauft oder von diesen in Ignoranz und Dummheit gehalten.

Es gäbe da genug zu spotten, aber der Spott ist auch billig, denn es könnte ja sein, dass diese Leute trotz des nervtötenden Klimbims tatsächlich etwas entdeckt haben. John Maynard Keynes hat Gesells Theorie, bei all ihren Schwächen und trotz der religiösen Aura, mit der ihn seine Anhänger umgaben und bis heute umgeben, zu schätzen gewusst. Auch er, berichtete Keynes, habe die Ideen Gesells »als nicht Besseres als die eines Überspannten« betrachtet, dann aber sehen müssen, dass sein Werk »Einfälle tiefer Einsicht enthält«, wenngleich er eben verfehlte, bis zum Kern der Sache vorzudringen.

Und es lohnt sich, diese Theorie anzusehen, da sie heute grassiert – im Internet und anderswo. Sie hat Anflüge einer Verschwörungstheorie, und die machen sich im Netz ja immer sehr gut, wie wir alle wissen, vor allem aber haben viele Leute das Gefühl, dass sie nicht verstehen, was in der Wirtschaft vorgeht, sie haben auch das Gefühl, dass sich die Experten selbst nicht auskennen, und das sind Zeiten, die für solche Theorien günstig sind.

Die Zinskritik geht davon aus, dass der Zins auf Geld das Krebsgeschwür unseres Geldsystems ist. Wegen des Zinses wachsen die großen Vermögen automatisch, was selbst schon Ursache von sozialer Ungerechtigkeit ist; und weil die Vermögen ins Unermessliche wachsen, muss das Geldsystem automatisch irgendwann zusammenbrechen.

Gern stützen sich die Anhänger dieser Idee auf die Anekdote vom »Josephspfennig«, die ihre Zinskritik illustriert. Die geht so: Hätte Joseph vor 2000 Jahren für seinen Sohn Jesus einen Pfennig angelegt, wäre über die Wertsteigerung durch Zins und Zinseszins über die Jahrtausende ein Vermögen im Umfang einer riesengroßen Goldkugel entstanden.

Die Theorie geht also davon aus, dass der Zins die eigentliche Quelle unserer Probleme ist, und sie geht außerdem davon aus, dass er ungerecht ist.

Nun, lassen Sie uns die zweite Annahme zuerst besprechen, da sie ja eine moralische ist, der man sich zuerst zuwenden muss, bevor man dann die Fragen der ökonomischen Funktionalität klärt, die gewissermaßen ökonomisch-technischen Fragen.

Ist es ungerecht, Zinsen zu verlangen, zu kassieren oder zu bezahlen?

Auf dem Kreditmarkt treffen sich – bei allen Komplexitäten – grundsätzlich zwei Wirtschaftsakteure. Die einen haben Geld, das sie im Augenblick nicht brauchen. Und die anderen brauchen im Augenblick Geld, das sie nicht haben.

Ich will mir ein Haus bauen, habe aber zu wenig Geld. Ich könnte sparen, aber dann ziehe ich erst ein, wenn ich in Rente bin. Das ist mir ein bisschen zu spät. Ich will jetzt ein Haus. Ich leihe mir von jemandem Geld. Und dem zahle ich das Geld später zurück und außerdem bezahle ich ihm Zinsen. Ist das aus meiner Sicht ungerecht? Eigentlich nicht unbedingt. Ich will etwas von dem anderen – sein Geld nämlich. Er muss mir das ja nicht leihen. Es ist doch nur gerecht, wenn er auch etwas davon hat, oder?

Aber vielleicht ist die Frage leichter zu klären, wenn wir sie aus der Sicht des Kreditgebers betrachten.

Der Kreditgeber hat Geld. Er könnte ein Unternehmen gründen mit dem Geld und damit Unternehmensgewinne realisieren. Er tut es nicht, verzichtet also auf diese Gewinne. Vielleicht weil er faul ist, weil er zum Unternehmer nicht taugt, weil er das Risiko scheut, was auch immer. Er könnte sich aber um das Geld auch etwas Schönes kaufen. Einen dritten Porsche etwa. Das tut er aber nicht. Er verschiebt seinen Konsum, wie die Ökonomen sagen. Er verschiebt ihn in die Zukunft, vorher leiht er mir das Geld. Für diesen aufgeschobenen Konsum erhält er als Ausgleich den Zins. Ist das ungerecht? Nicht wirklich. Aber es geht natürlich noch weiter. Er weiß, dass Leute, die sich Geld leihen, das Geld meist zurückzahlen. Aber er weiß auch, dass ein paar wenige Leute, die sich Geld leihen, es nicht zurückzahlen können. Wenn er ein Privatmann ist, schätzt er, dass das vielleicht zwei, drei Prozent der Kreditnehmer sind. Wenn er ein Profi ist, kennt er die Statistiken, den Anteil von Krediten, die ausfallen. Er weiß, er geht auch ein Risiko ein, wenn er Geld verleiht. Auch für dieses Risiko nimmt er den Zins. Wenn er ein Profi ist, der vielen Leuten Geld leiht, streut er mit dem Zins natürlich auch das Risiko. Er weiß, zwei Prozent der Kreditnehmer fallen aus, aber er kassiert vier Prozent Zinsen, also auch wenn ihm zwei Prozent ausfallen, hat er trotzdem noch mehr Geld als vorher.

All das ist nicht unmoralisch, sondern im besten Fall eine kluge, vernünftige Abwägung von zwei Akteuren – dem Kreditnehmer auf der einen Seite, dem Kreditgeber auf der anderen Seite. Der Zins ist eine durchaus legitimierbare Gebühr auf aufgeschobenen Konsum und auf das Kreditrisiko.

Betrachten wir nun die Frage, ob der Zins, wenn er schon nicht notwendigerweise unmoralisch ist, die Ursache für die

Instabilität unseres Systems ist und ob er notwendigerweise zu Vermögensungleichheit führt.

Unternehmen oder andere Wirtschaftsakteure, die sich heute Geld leihen, wissen, dass sie es morgen zurückzahlen und auch noch Zinsen dafür bezahlen müssen. Das heißt, sie wissen, dass sie das, was sie kaufen oder investieren wollen, mit ihren Einnahmen von heute nicht kaufen können – aber sie glauben, dass sie es mit den Einnahmen von morgen bezahlen können und auch noch die Zinsen dazu. Sie vertrauen also sehr optimistisch darauf, dass ihre Einnahmen steigen werden.

Nehmen wir, beispielsweise, ein Unternehmen: Es hat heute Beschäftigte, denen es Löhne und Gehälter zahlt, es hat heute Kosten für Rohstoffe und andere Ressourcen, aber die zusätzliche neue Maschine kann das Unternehmen aus den laufenden Einnahmen nicht finanzieren. Sie kauft die Maschine auf Pump. Was denkt sich unser Unternehmer? Er denkt sich: Heute geht sich die Maschine nicht aus, aber morgen oder innerhalb von zehn Jahren geht sich das alles aus: die Löhne und Gehälter, die Rohstoffe, die Kreditrückzahlung und die Zinsen noch dazu. Unser Unternehmer ist extrem zuversichtlich, was seine Einnahmenentwicklung betrifft. Diese Zuversicht ist möglicherweise ja gerechtfertigt: Denn die neue Maschine, so denkt er sich, wird ihm helfen, seine Erlöse zu steigern, sodass er all das finanzieren kann.

Die Voraussetzung ist aber eben: Die Umsätze müssen wachsen. Und da nicht nur unser einzelner Unternehmer all diese Überlegungen anstellt, sondern viele Unternehmen, die Investitionen vornehmen, bedeutet das: Die ganze Volkswirtschaft muss wachsen. Gemessen in Output in

Marktpreisen. Die Unternehmen müssen im nächsten Jahr real drei Prozent mehr einnehmen, wenn sie all das bezahlen wollen, was sie auch dieses Jahr bezahlt haben plus Kreditrückzahlung und die Zinsen noch dazu.

Wenn es dieses Wachstum gibt, geht die Rechnung auf. Nicht für jeden Einzelnen, aber für alle zusammen, für das »Aggregat«, wie die Ökonomen sagen, geht die Rechnung auf.

Das ist ein bedenkenswerter Punkt übrigens, der aber mit dem Zinssystem nur am Rande zu tun hat, eher mit dem Kredit als solchem: Ein System, das von Kredit geschmiert ist, also von Konsum und Investition heute, aber Zahlungsverpflichtung morgen, kann ohne Wachstum schwer funktionieren. Das ist meines Erachtens, aber hier gehen die Meinungen durcheinander, das Hauptproblem derer, die einen »Kapitalismus ohne Wachstum« denken wollen, aus ökologischen Gründen, aus Gründen der »Nachhaltigkeit« – aber dazu ausführlich im letzten Kapitel.

Bleiben wir bei der Zinskritik und wenden wir uns nun der zweiten Annahme zu, der entscheidenden: dass die Vermögen immer weiter wachsen und damit die Ungleichheit. Wer einen Pfennig hat, hat 2000 Jahre später eine Goldkugel, die so groß ist wie der Mond, wer keinen Pfennig hat, hat auch 2000 Jahre später keinen.

Das ist natürlich eine naive Rechnung, denn sie blendet eine Reihe von wichtigen Faktoren aus, die in dem Modell nicht vorkommen, in der wirklichen Welt aber andauernd:

- es gibt Jahre niedriger Zinsen;
- es gibt Inflation;
- es gibt Jahre, in denen die Zinsen niedriger sind als die Inflation;

· Vermögensbesitzer und deren Erben konsumieren ihr Vermögen auch;

· es gibt Umverteilung durch Vermögenssteuern;

· es gibt Erbschaftssteuern.

· Vermögensbesitzer verspekulieren sich auch gelegentlich, also vernichten selbst ihr Vermögen. Sie verwandeln ihr Geldvermögen in andere Vermögensarten, kaufen sich beispielsweise Häuser – die verfallen mit der Zeit, können abbrennen, was auch immer.

Es ist also einfach nicht wahr, dass das Zinssystem alles erklärt; dass Vermögen und Schulden wegen des Zinssystems wachsen müssen. Das passiert, wenn eine schlechte Politik gemacht wird, aber wenn eine gute Politik gemacht wird, passiert es nicht notwendigerweise. Es gab Phasen in der Geschichte des Kapitalismus, in der Geschichte der westlichen Marktwirtschaften, in denen die Vermögensungleichheit abgenommen hat. Aber das Zinssystem gab es in diesen Phasen auch.

Kurzum: die Theorien, Mythen und einfachen Erklärungen gehen ja davon aus, Dinge ein für alle Mal abschließend klären zu können.

Etwa:

Dass Schulden prinzipiell schlecht sind.

Dass ein System, in dem Geschäftsbanken Geld schöpfen, notwendig instabil ist und durch ein einfacheres, anderes System leicht stabilisiert werden könnte.

Dass der Zins und Zinseszins erstens notwendigerweise zur Vermögenskonzentration führt und zweitens notwendigerweise zu einem Kollaps des Systems.

Aber diese Erklärungsmodelle halten keineswegs, was sie

behaupten: dass sie notwendigerweise triftig sind; dass sie den einen Stein des Weisen gefunden haben.

Es ist möglich, eine kapitalistische Marktwirtschaft so zu gestalten, dass ihre inhärenten Instabilitäten gemildert werden und zu keiner zerstörerischen Dynamik führen müssen. Das haben die dreißig Jahre nach dem Zweiten Weltkrieg gezeigt. Ob eine solche institutionelle Ordnung auch in Zukunft möglich ist, ist eine andere Frage, der ich mich noch stellen werde. Aber es ist selbstverständlich möglich, die Reichtumsverteilung so zu organisieren, dass sich die Zuwächse nicht allein bei den Reichen konzentrieren. Kein Zins, kein Zinseszins, keine geheime Kraft sorgt dafür, dass das notwendigerweise der Fall ist. Es ist keine ökonomische Notwendigkeit, sondern politisch gemacht, wenn das so ist – und es ist ebenso eine politische Frage, ob gegengesteuert wird oder nicht.

4.
»MEHR MARKT WIRD ES RICHTEN«

Rechte Mythen über die Krise

Ich habe zu Beginn des vorangegangenen Kapitels bereits erwähnt, was der Fluchtpunkt des konservativen und neoliberalen Hauptmythos' ist: Dass die Krise nicht Folge der Entfesselung von Marktkräften sei, sondern von zu viel staatlicher Intervention und Regulierung. Und ich habe auch erwähnt, dass das die übliche rhetorische Operation von dieser Seite ist, um sich gegen Fakten, Evidenzen, kurzum: die Wirklichkeit, abzuschirmen. Zunächst propagiert man Deregulierung, und wenn diese dann fatale Wirkungen zeitigt, sagt man, es sei eben noch zu wenig dereguliert worden.

Die Argumentation in diese Richtung hat sofort nach der Kernschmelze an den Finanzmärkten im Anschluss an den Zusammenbruch der US-Investmentbank Lehman Brothers eingesetzt. Schließlich hat der Kollaps an den Finanzmärkten die neoklassische Ökonomie in eine schwere Erklärungsnot gebracht.

Denn was war da eigentlich geschehen?

Man hat erklärt, entwickelte und möglichst komplexe Finanzmärkte, auf denen die Akteure möglichst frei agieren können, würden a) effiziente Finanzmärkte sein b) sie würden eine möglichst stabile ökonomische Entwicklung garantieren und c) Risiken würden auf entwickelten Finanzmärkten derart gestreut, dass sie eigentlich gar nicht mehr existieren würden.

Erinnern wir uns an die Grundannahme der »Effizienz-Markt-Hypothese«, die in etwa so lautet: Auf freien Märkten werden knappe Ressourcen dorthin fließen, wo sie am effizientesten eingesetzt werden, das heißt also, freie Märkte führen zu einer effizienten Allokation von Ressourcen. Wir haben das am Beispiel des Schuhmarkts, des Hosenmarkts, des Kartoffelmarkts untersucht. Die Effizienz-Markt-Hypothese legte diese Annahme auch auf Kapitalmärkte um und ging stillschweigend davon aus, dass auf Kapitalmärkten die gleichen Allokationsdynamiken herrschen wie auf Gütermärkten.

Die neoklassische Ökonomie und die mit ihr verbundenen Theoretiker und Praktiker haben aber noch eine Reihe anderer Dingen angenommen:

Dass komplexe Finanzmärkte, eben dieser Effizienz wegen, zu einer immer stabileren, gleichmäßiger prosperierenden wirtschaftlichen Entwicklung beitragen würden. Die Gedankenreihe war in etwa so: Die Notenbanken haben den Schlüssel gefunden, wie man mit kluger Geld- und Zinspolitik stabil Wachstum induzieren und die Inflation auf einem optimalen Level halten kann. Auf den Finanzmärkten wiederum wurden, noch dazu durch die Globalisierung der Finanzmärkte, so viele Kapillaren der Kapitalentwicklung geschaffen, dass die Finanzanlagen überall dorthin fließen, wo sie am effizientesten zum Wachstum beitragen können. Man hat auch so viele Finanzinstrumente entwickelt, dass sich praktisch jeder Anleger gegen jede Art von Risiko absichern kann, was wiederum für stabile Entwicklung sorgt.

Die Annahme lautete etwa folgendermaßen: Wenn ich irgendein Wertpapier kaufe, kann das natürlich empfindlich im Wert sinken, aber ich kann mir ja auch ein Derivat kaufen, das mich gegen diesen Wertverlust versichert. Kaufe ich mir Anteile an amerikanischen Immobilien, können die natürlich im Wert verfallen, aber ich kann mir ja auch Kreditausfallsversicherungen kaufen, und dann habe ich mein Risiko einigermaßen im Griff. Oder ich kann mir ein Derivat kaufen, das auf den Kursverfall von Immobilien spekuliert, sodass ich mit der einen Hand gewinne, wenn ich mit der anderen Hand verliere, wodurch ich also exorbitante Verluste ausschließen kann, und stattdessen sogar im allerschlimmsten Fall nur moderate Verluste hinnehmen muss.

Der Ankauf dieser Kreditausfallsversicherungen reduziert meine Renditen, solange es gut geht (weil ja dem Gewinn, also den Renditen, auf der anderen Seite die Kosten für diese Kreditausfallsversicherungen gegenüberstehen), aber die Versicherungen reduzieren eben auch meine Verluste im Schadensfall. So hat man das gedacht.

Man hat sich gedacht, dass auf komplexen Finanzmärkten die Risiken aller Beteiligten reduziert werden können. Und im Grunde hat man sich gedacht, sie können auf null reduziert werden, und zwar mit den Mitteln der modernen Mathematik. Da man mit den Mitteln der modernen Mathematik jedes Risiko berechnen kann, dachte man auch, man könne risikoreichere Produkte entwickeln und das Risiko im Griff behalten.

Zum Teil waren das recht haarsträubende Annahmen. Man hatte lange historische Datensätze, über Kreditnehmer, deren Rückzahlungsgewohnheiten, die Ausfallswahrscheinlichkeit von Krediten und so weiter, und konnte damit wirklich wunderbar voraussagen, wie hoch die Wahrscheinlichkeit ist, dass ein Kredit ausfällt. Man hat dann hochkomplexe Finanzinstrumente entwickelt, die viele verschiedene Kredite bündelten, Kredite mit geringer Ausfallswahrscheinlichkeit, Kredite mit größerer, man hat sie aufgespalten und die Zahlungsverpflichtungen, die sich daraus ergaben, weiterverkauft. Man hat, da man das Risiko ja jetzt so schön berechnen konnte, auch Bevölkerungsgruppen in dieses Kreditgeschäft einbezogen, die man vorher nicht einbezogen hätte, weil sie als keine allzu vertrauenswürdigen Kreditnehmer gegolten hätten.

Man hatte ja die Risikorechnungen vorliegen und die Voraussagen der Mathematiker, die behaupteten, das sei risikofrei, aus ihren Algorithmen, die sie mit historischen Datensätzen gefüttert haben, gehe ganz klar hervor, das Risiko liege nur bei 0,8 oder 4,2 oder sonst irgendeinem Wert.

Also kann man auf Basis dieser Daten neue, ausgeklügelte Wertpapierarten entwickeln.

Was man aber nicht gesehen hat, oder nicht sehen wollte, ist Folgendes: Wenn man auf Basis historischer Daten, die auf der Grundlage bestimmter Kreditvergabepraktiken gewonnen wurden, neue Finanzinstrumente entwickelt, die natürlich auch diese Praktiken verändern, dann verändert man die historischen Daten – oder besser, die Aussagekraft der historischen Daten für eine Prognose reduziert sich. Die Ökonomie ist keine exakte Wissenschaft wie Physik oder Mathematik. Physiker untersuchen unbelebte Gegenstände und können daher feststellen, die Schwerkraft führt dazu, dass ein Stein immer so und so lange braucht, um vom Donauturm herunterzufallen. Das kann ich exakt berechnen und es wird immer gleich lange dauern. Weder hängt es vom Gemütszustand des Turmes noch von der Risikofreudigkeit des Steines ab, wie lange der Stein braucht, um von oben nach unten zu fallen. Aber die Ökonomie ist keine Naturwissenschaft, sondern eine Gesellschaftswissenschaft, die es mit einem sehr unpraktischen Gegenstand zu tun hat: nämlich mit Menschen und deren Verhalten. Mit Unternehmen und deren Verhalten. Und deren Verhalten ändert sich, wenn sich die ökonomischen Bedingungen verändern.

Um Ihnen das an einem möglichst simplen Beispiel zu erläutern:

Nehmen wir an, dass ich an meine zehn besten Freunde Kredite vergebe. Nach zehn Jahren mache ich eine Evaluation. Es stellt sich heraus, dass alle zehn ihre Kredite zurückgezahlt haben und bloß einer kurzfristige Zahlungsverzögerungen hatte. Dann kann ich also feststellen: 100 Prozent haben zurückgezahlt, zehn Prozent der Kredite waren temporär notleidend, wie das in der Fachsprache heißt. Daraus könnte ich natürlich folgenden Schluss ziehen: Super, jetzt weiß ich Bescheid über die Rückzahlungsgewohnheiten von Kreditnehmern und ich gebe fortan anstatt an meine zehn besten Freunde Kredite an 10.000 Unbekannte. Dann werde ich mich freilich sehr wundern, denn die Zahlen passen jetzt nicht mehr.

Und genau das ist insbesondere an den amerikanischen Kreditmärkten durch die Entwicklung neuer Finanzinstrumente geschehen, genauer: Es ist noch viel Ärgeres geschehen. Denn wie sahen die bislang gängigen Kreditvergabepraktiken aus? Eine Bank vergibt einen Kredit. Sie prüft die Bonität des Kreditnehmers. Sie macht das sehr gewissenhaft, schließlich riskiert sie ja ihr Geld. Und sie muss ja auf eine langfristige Geschäftsbeziehung bauen. Sie hat den Kredit zehn Jahre oder länger in ihren Büchern und will sich so gut wie möglich vergewissern, dass der Kreditnehmer seinen Kredit zurückzahlt und Zinsen dazu. Damit verdient sie ja schließlich ihr Geld. Diese Vorgangsweise hat sich aber radikal verändert. Es setzte sich folgende Praktik durch: Ein Hypothekarverkäufer vergibt einen Kredit. Er reicht diesen Kredit an eine Bank weiter, die den Kredit mit anderen Krediten zu einem Wertpapier bündelt. Die Bank wiederum verkauft diesen Kredit innerhalb eines Monats weiter an Investoren in aller Welt. Diejenigen also, die den Kredit vergeben, gehen keine langfristige Geschäftsbeziehung mit dem Kreditnehmer ein. Sie sind den Kredit spätestens nach zwei Monaten wieder los. Sie verdienen auch nicht an den Kreditzinsen. Hypothekarvermittler, Banken und andere verdienen nur mehr an den Gebühren, und an denen nicht zu knapp.

Es darf uns nicht wundern, dass historische Datenreihen unbrauchbar werden, wenn sich die Vergabepraktiken so dramatisch ändern.

Aber gehen wir zurück. Man hat uns ja nicht nur gesagt, dass man Risiken exakt berechnen kann, sondern dass man mit der Entwicklung ausgeklügelter Finanzinstrumente das Risiko sogar so streuen kann, dass es de facto nicht mehr existiert. Die neoklassische Ökonomie ging tatsächlich davon aus, den Schlüssel zu einer krisenfreien Entwicklung gefunden zu haben. Man sprach von der »Great Moderation«, der »Großen Mäßigung«, man dachte, nunmehr das

Ausschlagen, den Zickzack von rasantem Wachstum und böser Rezession im Griff zu haben.

All das hat man uns bis zur Krise eingeredet, aber man hat es auch wirklich geglaubt und zwar aufgrund ausgeklügelter wissenschaftlicher, mathematischer Modelle. Man hat nicht nur geglaubt, den Schlüssel – gewissermaßen durch Erfahrung, durch Lernen und Evidenz – gefunden zu haben, sondern man dachte auch, dass man wissenschaftlich beweisen kann, warum das so ist.

Und man dachte natürlich, dass möglichst freie Märkte dafür die Voraussetzung sind. Möglichst globale, sodass das Kapital buchstäblich überallhin fließen kann. Möglichst freie, sodass jeder Finanzmarktakteur immer ausgeklügeltere Finanzmarktinstrumente entwickeln kann, ohne dass ihm ein staatlicher Regulator das verbietet. Möglichst freie auch noch in einer anderen Hinsicht: Jeder Finanzmarktakteur soll auf allen möglichen Feldern aktiv sein dürfen, also im Geschäft mit den kleinen Sparern ebenso wie auf hochriskanten Investmentmärkten. Man hat entsprechende Deregulierungen durchgeführt, damit diese segensreichen Wirkungen zur Entfaltung kommen.

Vor dem Hintergrund dieser Überlegungen, dieser Gewissheiten, war die Finanzkrise natürlich eine entscheidende Zäsur. Nicht nur eine ökonomische Zäsur. Sondern auch eine theoretische. Wie kann das denn sein, dass die freien Finanzmärkte so eine fatale Krise produzieren, wenn man vorausgesagt hat, dass sie das genaue Gegenteil produzieren werden, nämlich stabile Prosperität, Verringerung von Risiken und Große Mäßigung?

Da hätte es zwei Möglichkeiten gegeben, zu reagieren:

Erste Möglichkeit: Diejenigen, die diese Theorien in die

Welt gesetzt hatten, hätten sagen können »*Sorry, wir haben uns geirrt*«.

Zweite Möglichkeit: Man hätte sagen können, die Finanzmärkte würden schon optimal funktionieren, wenn der Staat sie nicht daran hindern würde.

So kam, kaum dass die Krise ausgebrochen war, ein Erklärungsmuster auf, das geradezu obsessiv geglaubt wird in marktradikalen Kreisen: Die US-Regierung sei aufgrund eines Sozialprogramms schuld an der Krise.

Man hat begonnen zu erklären, dass es das Ziel der US-Regierung, vor allem der Regierung Bill Clintons, gewesen sei, dass möglichst alle Amerikaner ein Eigenheim haben sollen. Schließlich, so sagte man, sei das ja ein alter amerikanischer Mythos und Traum, dass jeder in seinem eigenen Haus wohnen soll, und dass es deshalb Anliegen der Regierung gewesen sei, auch einkommensärmeren Schichten zu ermöglichen, was bisher nur den Reichen und der Mittelschicht möglich war.

Die Erklärung lautete nun: Die Clinton-Regierung wollte den Amerikanern helfen, sich diesen Traum zu erfüllen. Und sie hat die Banken praktisch gezwungen, das zu ermöglichen. Wenn Sie konservative Blogs, neoliberale Bücher, wirtschaftsliberale Kommentatoren in den Zeitungen lesen, werden Sie feststellen, wie sehr diese Leute auf diesem einen Punkt herumreiten und zu beweisen versuchen, dass das die globale Finanzkrise ausgelöst hat.

Ist daran etwas wahr? Wenn das wahr ist, dann müssten doch die staatlichen oder halbstaatlichen Immobilienbanken der USA einen großen Anteil an diesem Geschäft haben, und dann müssten ja wirklich viele Geringverdiener ein Haus gekauft haben. Das wären schließlich die Voraussetzungen dafür, dass dies einen wirklich substanziellen Beitrag zur Krise geleistet hat.

Nun, eines ist an dieser These tatsächlich wahr: Die Clinton-Regierung hat es sich wirklich zum Ziel gesetzt, den Wohneigentumserwerb von Niedrigverdienern zu begünstigen. Ausgangspunkt war der »Federal Housing Enterprises Financial Safety and Soundness Act« von 1992, der einige gesetzliche Veränderungen brachte, mit dem Ziel, die staatsnahen Hypothekenbanken Fannie Mae und Freddie Mac in die Lage zu versetzen, auch an Geringverdiener mehr Immobilienkredite zu vergeben.

Das ist das Körnchen Wahrheit dran: Tatsächlich haben die staatlichen Hypothekenfinanzierer in der Anfangszeit auf diesem Markt mitgemischt, sie haben Hypotheken aufgekauft, die an nicht sonderlich solvente Kunden vergeben worden waren, und selber Kredite vergeben. Ihr Geschäftsvolumen ist von 1992 bis 2003 deshalb enorm gewachsen, und sie haben auch leichtfertig Kredite gegeben, womit sie sich auch einige Skandale einhandelten. Aber gerade diese Skandale führten zu öffentlichen Diskussionen und internen Überprüfungen, die wiederum zur Folge hatten, dass sich die beiden staatlichen Hypothekenbanken schon ab 2003 aus diesem Geschäft mit Subprime-Krediten heraushielten, also mit Krediten für einkommensschwache Kreditnehmer. Mit einem Wort: Als sich die Häuserblase aufzupumpen begann, waren sie schon wieder aus dem Business raus.

Das Hauptbusiness machten sich die großen Investmentbanken und der private Hypothekensektor aus. Das darf man sich so vorstellen: Hypothekenverkäufer vergaben an

Leute, die eine Immobilie kaufen wollten – oder schon besaßen! –, Kredite. Zum Teil waren das Hypotheken mit flexiblem Zinssatz, aber ohne Rückzahlungen im ersten Jahr. Dann verkauften sie die Hypotheken an große Finanzinvestoren. Die bündelten sie zu strukturierten Wertpapieren, spalteten sie auf und verkauften sie weiter. Und irgendjemand in der Welt hielt dann ein solches Immobilienzertifikat in der Hand. Und jeder hat Gebühren kassiert. Bis auf den armen Dummen, der am Ende der Kette das Papier in seinem Depot hielt.

Es ist schon eine sehr abenteuerliche Annahme, dass Goldman Sachs oder Lehman Brothers oder sonst jemand das getan hätte, weil sich das Bill Clinton so von ihnen gewünscht hat.

Aber die Sache kommt ja noch dicker. Wir haben gehört, das Regierungsprogramm hatte zum Ziel, Leuten, die bisher kein Haus besaßen, da sie ein so niedriges Einkommen hatten, das sie vom Kreditmarkt ausschloss, den Kauf einer Immobilie zu ermöglichen. Das ist genau das, was Fannie Mae und Freddie Mac getan haben, vielleicht auch in einem Maß, das nicht immer finanziell besonders vorausschauend war. Aber das war gar nicht der Kern der amerikanischen Immobilienkrise.

Was war denn die Hauptursache der amerikanischen Immobilienkrise?

Der Kern war, dass Immobilien im Wert stiegen. Und dass die Hypothekenkredit-Verkäufer den Leuten sagten: *Hey, deine Immobilie ist im Wert gestiegen! Die war gestern erst 70.000 Dollar Wert! Und heute ist sie 200.000 Dollar wert! Und morgen wird sie 300.000 Dollar wert sein!*

Du bist reich!, haben sie den Leuten gesagt. Und sie haben ihnen gesagt: *Du bist reich, hast aber nur ein kleines Einkommen, du kannst dir keine Konsumgüter leisten! Aber kein Problem! Wenn dein Haus 200.000 Dollar wert ist, geben wir dir 200.000 Dollar an Kredit (oder sogar 210.000 Dollar) und du kannst dir drei Flachbildschirme und einen schönen Schlitten leisten. Und mit den Rückzahlungen musst du erst in zwei Jahren beginnen!*

Man wusste, die Rückzahlungen würde er nie schaffen.

Aber warum hat man das dennoch gemacht?

Erstens: Weil die Kreditvermittler ja nur an den Gebühren verdienten, aber die Risiken weiterverkauften. An die Banken. Und die störte das auch nicht. Denn die verkauften das Risiko auch weiter, an Anleger in aller Welt, dafür verlangten sie auch Gebühren.

Aber wie konnten die so etwas tun? Waren die kriminell, haben die absichtlich Kredite vergeben, obwohl sie wussten, die werden nie zurückgezahlt und die Anlagen der Finanzanleger lösen sich in Luft auf?

Nein, so kriminell waren die gar nicht. Gewiss, sie waren schon kriminell, aber nicht so. Denn sie dachten sich ja noch Folgendes: Ja, die werden das vielleicht nicht zurückzahlen können. Aber das macht ja nichts, da die Häuser im Wert steigen. Die Hausbesitzer nehmen sich dann einen neuen Kredit auf, zahlen damit den alten zurück, und so weiter, macht ja nichts, wenn die Werte dauernd steigen.

Und wenn die Hausbesitzer irgendwann tatsächlich ihre Rückzahlungen nicht mehr leisten können, dann ist der Wert ja für die, die die Kredite vergeben haben, auch nicht verloren, denn dann haben sie das Haus und dann versteigern sie es, und es ist jetzt schon so viel wert und wird dann noch viel mehr wert sein. Der Kreditnehmer ist dann zwar sein Haus los, aber der Kreditgeber, der behält sein Vermögen.

Erst als sich herausstellte, dass diese Häuser überbewertet waren, brach dieses Kartenhaus zusammen.

Aber lassen Sie mich noch einmal zurückgehen. Was habe ich denn da gerade gezeigt? Man hat gesagt, die US-Immobilienkrise habe damit zu tun, dass die Regierung ein Programm forciert hat, Geringverdienern ein Haus zu beschaffen.

Das ist aber im Wesentlichen gar nicht geschehen.

Die Immobilienkrise hat damit zu tun, dass die Finanzindustrie Leuten Kredite aufgeschwatzt hat, die schon Häuser hatten.

Die also mit diesem Regierungsprogramm gar nichts zu tun hatten.

Schon um die Jahrtausendwende haben Bankenreports ergeben, dass 80 bis 85 Prozent der Subprime-Kredite nicht an Leute vergeben wurden, die sich damit erstmals ein Haus kauften, sondern an Leute, die einfach Kredite auf ihr Haus aufnahmen, das sie schon hatten. Oder um sich ein schöneres zu kaufen.

Und solche Geschäfte hätten die staatlichen Hypothekenbanken niemals angefasst. Niemals hätten sie auch den Kauf von Immobilien finanziert, bei denen der eingeräumte Kredit mehr als 90 Prozent des Kaufpreises betragen hätte.

Letztendlich flossen gerade einmal 16 Prozent der Subprime-Kredite an Kreditnehmer, die sich wirklich damit erstmals ein Haus kauften.

Kurzum: Wäre all das wirklich auf das beschränkt geblieben, was das Regierungsprogramm vorsah, dann hätte es nie eine Finanz- und Immobilienkrise gegeben.

Für diese Überschuldung einfacher Hausbesitzer ist also kein Staat und keine Regierung verantwortlich, diese Malaise hat das freie Spiel der Finanzmärkte angerichtet. Wir sehen also, der Versuch der Markt-Fundamentalisten, dem Staat hier den schwarzen Peter zuzuschieben, erweist sich schnell als hilflose Schutzbehauptung zur Vernebelung der Tatsachen.

Ich möchte nun zu ein paar anderen rechten Mythen kommen, die alle im Grunde die gleiche Geschichte erzählen: Dass der Markt es richten würde. Dass aber der Staat immer alles kaputt macht. Und dass, wenn Märkte fatale Ergebnisse produzieren, es nicht die Märkte sind, sondern in Wirklichkeit der Staat. Bevor wir uns der Frage zuwenden, wie diese Schule Finanzmärkte analysiert, wollen wir uns kurz ansehen, wie aus dieser Perspektive über einen ganz anderen Markt gedacht wird, nämlich über den Arbeitsmarkt. Einfach als Exempel, damit wir auch einen Vergleich haben und das Muster erkennen, das die wirtschaftsliberale Theorie praktisch in jedem denkbaren Fall anlegt.

Das Axiom lautet immer: Der Markt sorgt für optimale Ergebnisse. Und wenn der Staat oder sonst jemand in die Marktkräfte eingreift, werden schlechtere Ergebnisse erzielt werden und das Ziel dieses Eingriffs wird gar nicht erreicht werden, da sich der Markt nicht überlisten lässt. Das sagen die Wirtschaftsliberalen immer, bei jeder Gelegenheit.

Wie ist das also auf dem Arbeitsmarkt? Was sagen die da? Sie sagen, dass der Staat, die Regierung, die Parlamente, aber auch Gewerkschaften nicht in die Preisbildung am Arbeitsmarkt eingreifen sollen. Tarifabschlüsse, die ein starres

Lohngefüge festschreiben, oder sogar Mindestlöhne, die das Parlament beschließt, die sind vielleicht voller guter Absicht – man will Beschäftigten gute Löhne sichern –, aber die gute Absicht geht nach hinten los. Gut gemeint wird das Gegenteil von gut sein. Und zwar aus folgendem Grund: Wie auf allen Märkten gäbe es auch auf Arbeitsmärkten einen »markträumenden« Preis, behaupten die, die glauben, der Markt sorge immer für optimale Ergebnisse.

Wenn ich Zahnstocher produziere und einen zu hohen Preis verlange, bleibe ich vielleicht auf Millionen Zahnstochern sitzen, wenn ich aber den Preis senke, werde ich irgendwann alle meine Zahnstocher verkaufen. Das ist dann der markträumende Preis. Bei den Arbeitskräften, glauben die Wirtschaftsliberalen, ist das genauso: Es gibt Arbeitslosigkeit, weil die Leute zu viel Lohn verlangen. Würden sie bereit sein, zu niedrigerem Lohn zu arbeiten, gäbe es keine Arbeitslosigkeit. Und umgekehrt gilt: Würde man die Löhne erhöhen, etwa indem man Mindestlöhne einführt, hätte das nur zur Folge, dass die Arbeitslosigkeit steigt.

Und ein bisschen leuchtet das auf den ersten Blick ja auch ein: Viele Firmen würden sich ihre Beschäftigten nicht mehr leisten können und müssten sie entlassen. Der Friseurladen von nebenan, die Kneipe vom Eck, der Bäcker in der Nebenstraße, alle müssten Jobs abbauen. So würde gute Absicht – den Leuten bessere Löhne zu verschaffen – in ihr Gegenteil umschlagen, nämlich in Arbeitslosigkeit. Gerade Geringqualifizierte, deren Arbeit für eine Firma einen relativ geringen »Wert« hat, würden durch Mindestlöhne aus dem Markt »herausgepreist« werden, soll heißen: Weil sie einen zu hohen Preis für ihre Arbeit verlangen, wird sie ihnen eben niemand mehr abkaufen.

Seit Jahrzehnten bringen wirtschaftsliberale Ökonomen dieses Argument vor. »Sucht man nach Anschauungsmaterial dafür, dass die Folgen einer Maßnahme exakt beim Gegenteil dessen liegen können, was in der Absicht der Wohlmeinenden lag, die sich für sie eingesetzt haben, so lässt sich kein besseres Beispiel nennen, als das des gesetzlichen Mindestlohns«, erklärte schon Milton Friedman, der Säulenheilige aller Neoliberalen.

Das behauptete Friedman. Und das behaupten seine Jünger seit Jahrzehnten. Komischerweise ist es noch nie gelungen, irgendeinen empirischen Beweis dafür vorzubringen. Dabei könnte man ihre Behauptung ja leicht überprüfen, indem man beispielsweise die Arbeitslosenraten von Geringqualifizierten innerhalb von Europa vergleicht. Das Ergebnis (vor der Finanzkrise): In Luxemburg, das mit 9,30 Euro den höchsten Mindestlohn aufweist, ist die Arbeitslosenquote der Geringqualifizierten am niedrigsten; Irland hat mit 8,65 Euro den zweithöchsten Mindestlohn und die fünftniedrigste Arbeitslosenquote in diesem Segment. Und Deutschland mit den nach unten hin flexibelsten Löhnen in der EU leidet unter der mit Abstand höchsten Unterbeschäftigung bei gering qualifizierten Arbeitnehmern.

Die meisten US-Ökonomen sind mittlerweile der Ansicht, dass es keine negativen Beschäftigungseffekte durch Mindestlöhne gibt. Empirische Studien haben sogar überraschende positive Effekte erkennen lassen. Es sind keine Jobs verschwunden, es sind sogar neue entstanden. Wo Mindestlöhne eingeführt wurden, ist die Arbeitslosenrate unter Geringverdienern sogar gesunken!

Einer der Gründe für diese recht unerwarteten Effekte dürfte der Umstand sein, dass gerade Geringverdiener ihr bisschen überschüssiges Geld, das ihnen nach Abzug der Fixkosten zur Verfügung bleibt, für Güter und Dienstleistungen ausgeben, die ihrerseits wieder von Geringverdienern produziert werden. Das heißt also: Das zusätzliche Geld, das die Niedrigverdiener zum Konsumieren haben, steigert die Nachfrage – beim örtlichen Bäcker, beim nahe gelegenen Fast-Food-Restaurant. Diese Firmen haben dann höhere Einnahmen und können nicht nur ihren Beschäftigten Mindestlöhne zahlen, das heitere Wirtschaftsklima führt sogar dazu, dass sie teilweise neue Beschäftigte einstellen können.

Ich habe Ihnen das nur kurz und exemplarisch vorgestellt, damit Sie sehen, wie in vielen Sektoren der Marktwirtschaft die Behauptung, Marktkräfte führten zu optimalen Ergebnissen und ein Eingriff in dieselben führe zu schlechteren Ergebnissen, der Überprüfung in keiner Weise standhält.

Lassen Sie mich jetzt auf die eigentliche Quelle unserer Misere zurückkommen, dem Geschehen auf den Finanzmärkten.

Wir haben im vorangegangenen Kapitel erörtert, was Geld ist und wie es in die Welt kommt, wie unser modernes Geldsystem funktioniert, welche Rolle die Zentralbanken einnehmen und wie sie im Notfall eingreifen können, um einen Totalkollaps zu verhindern. Es gibt radikale Marktanhänger, die der Meinung sind, die eigentliche Erbsünde sei bereits, dass wir Zentralbanken haben. Sie fragen:

Warum muss das so sein, dass wir eine Regierung haben, die festlegt, dass die alleinige Währung bei uns beispielsweise der Dollar ist, und wir haben eine Zentralbank, die die Zentralbankgeldmenge steuert und die Leitzinsen, zu denen sich Banken Geld bei der Zentralbank leihen können? All das verzerrt ja schon das Spiel der Marktkräfte und hindert den Markt, seine selbstheilenden Kräfte zu entfalten.

Die Wirtschaftsliberalen sagen dann: Im Kapitalismus sollte es doch so sein, dass sich auf freien Märkten der durchsetzt, der der Beste ist.

Wer die besten Turnschuhe herstellt, soll sich durchsetzen.

Wer die besten Zahnstocher herstellt, soll sich durchsetzen.

Warum soll sich nicht die Bank durchsetzen, die die beste Währung herstellt?

Stellen wir uns das vor: Die Bank Austria gibt Kronen aus, die Raiffeisen gibt Bauernkronen aus und die Erste Bank gibt den Ersteschilling aus. Oder die Deutsche Bank die Deutsche Mark, die Hypo die Hypo-Mark, die Dresdner Bank die Dresdner-Mark und so weiter.

Nach einer gewissen Zeit haben die Leute herausgefunden, dass das Geschäftsmodell der einen Bank wirklich nachhaltig ist, bei denen gibt es wenige Krisen, keine Inflation, schöne Zinsen aufs Sparbuch und das schon seit zwanzig Jahren. Dann setzt sich das Geld dieser Bank durch.

Und wenn die Bank zusammenkracht, dann setzt sich eben hinterher eine andere durch.

Warum muss denn der Staat in alles eingreifen?

Ich weiß nicht, ob es überhaupt noch notwendig ist, gegen Vorstellungen dieser Art zu argumentieren. Wie spekulativ und absurd sie sind und wie sehr sie einer modernen Ökonomie widersprechen, liegt ja auf der Hand.

Die Instabilitätsdynamiken, die auf Finanzmärkten herrschen, habe ich schon ausführlich beschrieben, und sie würden durch solch ein System noch potenziert. Wir hätten andauernd den Zusammenbruch irgendeiner Bank, die Entwertung von Spareinlagen unzähliger Menschen. Vielleicht keine großen, fundamentalen Krisen, aber dauernd kleine oder mittlere.

Außerdem würden die Transaktionskosten für alle Wirtschaftssubjekte steigen. Wenn ich Geschäfte machen will, muss ich dauernd in die Währungseinheiten meiner Wirtschaftspartner umrechnen, die Umrechnungskurse variieren permanent.

Der stabile Aufbau eines Kapitalstocks in einer Volkswirtschaft wäre durch unzählige Quellen der Instabilität verhindert, das ist so sonnenklar, dass man das gar nicht extra ausführen muss. So etwas funktioniert wirklich nur in den Fantasiemodellen von weltfremden Fantasten und von marktradikalen Wirtschaftsnobelpreisträgern.

Die Etablierung von Zentralbanken war ja gerade die Antwort auf die regelmäßig wiederkehrenden Instabilitäten, Crashs und Krisen, für die ein rein dezentrales Bankensystem sorgt. Die Instabilität des Finanzsektors hat zur Etablierung von Zentralbanken geführt, und nicht umgekehrt, wie uns die Marktfanatiker glauben machen, führen die Zentralbanken zu Instabilität.

Aber eines muss man natürlich sagen: Diese Position ist wenigstens intellektuell kohärent. Klar, sie ist auch ein bisschen abgedreht, aber sie ist immerhin kohärent. Die Position lautet: Märkte sind immer effizient, sie führen immer zu einem optimalen Gleichgewicht, und jeder Eingriff in das Marktgeschehen führt zu suboptimalen Ergebnissen. Zentralbanken verzerren die Marktkräfte. Also sind sie schädlich. Das ist eine kohärente theoretische Position.

Die andere kohärente wirtschaftstheoretische Position ist, dass, während Gütermärkte tatsächlich effizient funktionieren können, das für Kapitalmärkte nicht gilt; dass sie aus ihren eigenen Dynamiken heraus zu Instabilität neigen und dass die Krisen, die sie verursachen, derart fatal sind und derartige Kosten verursachen, dass man sie nicht sich selbst überlassen kann. Dass man Finanzmarktakteure streng regulieren muss – Banken, Fonds, Versicherungen, Investmentbanken et cetera – und dass man Zentralbanken und andere Institutionen braucht, um Stabilität in eine instabile Ökonomie zu bekommen.

Das wäre die andere kohärente wirtschaftstheoretische Position – eine Position im Erbe von Keynes und Minsky.

Und die andere ist eben die radikale wirtschaftsliberale Position.

In der wirklichen Welt erleben wir aber seltsame Mischformen dieser Positionen, und ich will Sie nur einen Augenblick darauf hinweisen, wie skurril das eigentlich ist. Die meisten Wirtschaftsliberalen heutzutage, die meisten Anhänger der Effizienz-Markt-Theorie, sind gar nicht gegen Zentralbanken. Ja, es kommt noch ärger: Die Leitungsgremien der meisten Zentralbanken der Welt sind mit Leuten gefüllt, die glauben, dass Märkte – und auch Kapitalmärkte – effizient funktionieren, wenn der Staat so wenig wie möglich eingreift. Und das ist ja, wenn man es sich recht überlegt, noch einmal einen Dreh absurder. Alan Greenspan, der legendäre Chef der Fed, aber auch Mario Draghi, der gegenwärtige Chef der Europäischen Zentralbank, sind nur zwei besonders prominente Repräsentanten dieser Absurdität.

Man muss sich das nur bildlich ausmalen. Diese »pragmatischen«, »nichtideologischen« Marktliberalen sitzen auf ihren Sesseln in den Zentralbanken und beten die Leier herunten: Die Märkte wissen es am besten, lasst die Marktkräfte wirken, Märkte sind effizient.

Und wenn eine Krise kommt, legen sie den Schalter um und sagen: Jetzt muss die Zentralbank eingreifen, die Zentralbank muss den Verfall von Wertanlagen verhindern, die Regierung muss die Wirtschaft ankurbeln. Das ist doch eigentlich eine sehr absurde, regelrecht schizophrene Position.

Vielleicht ist das ja auch eine Quelle unserer Probleme, dass an entscheidenden Positionen Leute sitzen, denen es schwerfallen muss, zu begreifen, was eigentlich ihre Aufgabe ist, weil sie intellektuelle Fehlurteile im Kopf haben, die sie im Grunde zu dem Schluss führen müssten, dass sie selbst unnötig sind.

Wenn wir schon dabei sind, wollen wir noch auf eine weitere Komplexität des hier Diskutierten hinweisen. Kapitalmärkte haben, wie gezeigt, eine inhärente Dynamik der Instabilität und daher braucht es strenge Regulierung und eben auch Zentralbanken, die als Stabilitätsanker agieren – im Normalbetrieb, und erst recht im Notfall. Sie sind als Antwort auf die Instabilität zu verstehen und haben Stabilität ins System gebracht. Grundsätzlich – in der Praxis mal mehr, mal weniger.

Und dennoch können sie auch Instabilität ins System bringen. Sie sichern Stabilität und können, als unintendierte Nebenfolge, selber zur Quelle für Instabilität werden. Das ist eigentlich leicht einsehbar, und ich möchte das so simpel wie möglich erklären.

In einem völlig dezentralen Bankensystem weiß jeder Banker, wenn seine Bank finanziell in Schieflage gerät, kippt sie um. Niemand wird sie retten. Er wird natürlich versuchen, seine Risiken einigermaßen im Griff zu behalten. Auch normale Bürger und Sparer, die ihr Geld anlegen, wissen, dass Banken zusammenkrachen können und ihr Geld dann weg ist. Sie werden vielleicht ein wenig darauf achten: Ist die Bank solide? Wie abenteuerlich ist deren Geschäftsmodell? Soweit das eben für einen normalen Sparer zu beurteilen und zu durchschauen ist.

Mit Zentralbanken, die den Banken im Notfall unbegrenzt Liquidität zur Verfügung stellen, mit Regierungen, die sie im Notfall retten, mit Staatsgarantien wie der staatlichen Einlagensicherung für Bankeinlagen – die alle notwendig sind! – ändert sich aber etwas:

Banker wissen, dass sie ohnehin gerettet werden. Da können sie natürlich ein bisschen mehr an Risiken eingehen, sofern man sie nicht gesetzlich daran hindert.

Sparer wissen, ihre Spareinlagen sind ohnehin sicher, *na, da geh ich zu der Bank, die mir die höchsten Zinsen zahlt, ob die solide ist oder weniger, das spielt doch keine Rolle.*

Deshalb kann es ein System mit Zentralbank und staatlichen Garantien eigentlich nur geben, wenn es gleichzeitig eine rigide Regulierung des Finanzsektors gibt, die verhindert, dass unverantwortliche Risiken aufgetürmt werden.

Um zum Schluss zu kommen: Mehr Markt würde es richten, das ist der Hauptmythos der Konservativen und Neoliberalen.

Und sie haben nicht einmal gänzlich unrecht. Ja, der Markt alleine täte es schon richten. Natürlich würde er es richten. Wir hätten ja auch in der Finanzkrise zulassen können, dass der Markt es richtet.

Wir haben gesehen, dass es nicht der Staat war, sondern die Geschehnisse auf den Finanzmärkten, die die Finanzkrise ausgelöst haben.

Und was heißt das denn: »Geschehnisse auf den Finanzmärkten«? Das heißt, dass verschiedene Wirtschaftsakteure verschiedene Sachen gemacht haben. Jeder tut irgendetwas, und es summiert sich zu einem Ganzen, ohne dass irgendjemand das will. Das ist ja der Kern von dem, was auf Märkten geschieht. Es gibt kein Geheimnis dahinter, und oft nicht einmal böse Absicht. Und wenn jemand eine böse Absicht hat, dann setzt er entsprechende Taten, und wenn jemand gute Absichten hat, dann setzt der entsprechende Taten, und andere setzen andere Taten, andere kaufen ein, andere produzieren ein Produkt, wieder andere kaufen ein Wertpapier. Und so weiter. So ist das auf freien Märkten, und ob es sich zu Gutem oder zu Schlechtem summiert, das weiß man vorher nicht genau und es kann auch keiner dieser einzelnen Wirtschaftsakteure wirklich bis zum Endeffekt beeinflussen oder gar steuern, auch wenn es natürlich Monopolisteneffekte gibt.

Und man sagt uns, der Bankensektor ist der am stärksten regulierte Sektor der Ökonomie überhaupt.

Das mag schon stimmen, der Zahnstochersektor ist sicher weniger reguliert. Wer will, kann Zahnstocher herstellen. Wer will, kann das bei uns tun, dann muss er eben alle Umweltauflagen beachten, alle Sozialabgaben zahlen und die Steuern. Und wer das nicht will, der produziert eben in China oder Indien. Und er kann sie dann hierher transportieren. Und dann muss er vielleicht noch ein paar Gesundheitsauflagen erfüllen: Hochgiftig dürfen die Zahnstocher nicht sein, aber das ist schon alles. Ich bin kein Experte für Zahnstocher, aber ich nehme an, sehr reguliert wird der Zahnstochermarkt nicht sein.

Da ist die Finanzbranche sicher regulierter. Sicherlich. Aber sehr reguliert ist sie auch wieder nicht.

Jede Bank kann selbst entscheiden, wie hoch ihre Kreditzinsen sind, wie hoch die Zinsen auf dem Sparbuch sind. Offenkundig, so hat uns die Erfahrung der Finanzkrise gezeigt, kann jeder Hypothekenkredite ausgeben, und ob er die Bonität des Schuldners prüft oder nicht, ist seine Sache. Ob die Schulden-zu-Wert-Rate 70 Prozent oder 90 Prozent oder 130 Prozent beträgt, ist seine Sache.

Jeder kann die Kredite an eine Bank verkaufen. Die kann die Kredite bündeln, und daraus hochstrukturierte Wertpapiere machen. Die Bank kann davon abgeleitete hochstrukturierte Derivate entwickeln, etwa solche, deren Wert steigt, wenn der Wert der Kreditbündel fällt. Oder Wertpapiere entwickeln, sogenannte Kreditausfallsversicherungen, auf denen steht: Wenn dieser Hypothekenpfandbrief ausfällt, dann kriegt der Halter dieses Papiers 1000 Dollar, und er kann dann diese Papiere wieder verkaufen.

Die Bank kann auch Aktien eines Unternehmens kaufen. Sie kann gleichzeitig ein Papier entwickeln, auf dem geschrieben steht, der Halter dieses Papiers kriegt 1000 Dollar, wenn das Unternehmen pleitegeht.

Sodass die Bank dann nur mehr dafür sorgen muss, dass das Unternehmen, das sie besitzt, wirklich pleitegeht, damit sie die Gelder aus der Kreditausfallsversicherung kassiert, die vielleicht sogar mehr wert sind als die Aktien des Unternehmens, sofern sie nur genug davon gekauft hat.

Und die Bank kann all diese Papiere irgendwelchen alten Omis verkaufen, in ihrer Filiale in Gars am Kamp oder Heidenreichstein oder in Emden oder Neuruppin; alten Bauernomis kann sie das verkaufen und ihnen dafür deren ganze Lebensersparnisse abluchsen.

Die gleiche Omi, die, wenn sie ein ganz schwaches Schlafmittel benötigt, erst einmal ein Rezept vom Arzt braucht, damit sie sich das Schlafmittel in der Apotheke holen kann. Das Schlafmittel, wohlgemerkt, das natürlich ein aufwändiges Genehmigungsverfahren hinter sich hat, um sicherzugehen, dass es nicht gesundheitsschädlich ist, bevor es überhaupt in die Apotheke kommt.

Aber die Wertpapiere, die die Bank verkauft, die das Leben der Oma ruinieren können, haben keine Tests hinter sich, die hat sich niemand angesehen und Rezept braucht die Omi auch keines.

Das hat alles der Markt so gerichtet.

Und als der gesamte globale Finanzsektor zu kollabieren drohte, da hätte man das den Markt natürlich auch richten lassen können.

Natürlich hätten wir alle Banken kollabieren lassen können. Und die Finanzanlagen aller Anleger hätten wir auch kollabieren lassen können. Dann wäre am nächsten Tag kein Geld mehr aus den Bankomaten gekommen. Firmen hätten ihre Beschäftigten nicht mehr bezahlen können. Supermärkte hätten die Bäcker nicht mehr bezahlen können, die ihnen das Brot liefern.

Das hätte der Markt dann so gerichtet.

Wir hätten den gesamten Kapitalismus zusammenbrechen lassen können.

Das hätte der Markt dann so gerichtet. Es kann also gar

nicht bestritten werden, dass der Markt es schon richten könnte. Der Markt könnte es ganz gewiss richten. Die Frage ist eben nur, wenn man sich all das so ausmalt, ob der Markt es auf die optimale, auf die effizienteste Weise richten würde, gerichtet hätte.

Leise Zweifel sind mehr als angebracht.

5.
EIN GUTER KAPITALISMUS, KANN ES DEN GEBEN?

Wie wir soziale Gerechtigkeit und eine florierende Wirtschaft unter einen Hut bekommen

Als Karl Marx und sein Freund Friedrich Engels die ökonomische Dynamik der kapitalistischen Gesellschaft analysierten, schienen einige Dinge gewiss zu sein: Diese Gesellschaft produziert aus sich heraus Ungerechtigkeiten. Aber das ist natürlich eine banale Weisheit, die kaum jemand bestreiten würde. Es schienen noch ein paar weitere Dinge gewiss: Sie produziert notwendigerweise aus sich heraus immer größere Ungerechtigkeiten. Die große Bevölkerungsmasse, das industrielle Arbeiterheer, das gerade erst in die Städte gespült worden war, lebte in bitterem Elend, einem Elend, das sich immer mehr zu verbreiten schien, obwohl immer größere Reichtümer produziert wurden.

In dem Maße, wie das Kapital akkumuliert, müsse sich die Lage des Arbeiters verschlechtern, schrieb Marx im »Kapital«, und weiter: »Die Akkumulation von Reichtum auf dem einen Pol ist also zugleich Akkumulation von Elend, Arbeitsqual, Sklaverei, Unwissenheit, Brutalisierung und moralischer Degradation auf dem Gegenpol.«

Verstreute Passagen wie diese in Marx' Werk gingen in die Literatur des orthodoxen Marxismus als die Verelendungstheorie ein. Obwohl Marx durchaus offenließ, ob er absolute Verelendung oder relative Verelendung meinte, waren viele Sozialisten seiner Zeit und auch noch späterer Zeit letztlich davon überzeugt: Der Kapitalismus hält die normalen, einfachen Leute notwendigerweise in einer immer stärker werdenden Verelendung. Und selbst wenn die Lage der einfachen Leute ein wenig gehoben würde: Der Reichtum am anderen Pol wüchse viel schneller. Wenn es also schon keine »absolute Verelendung« gibt, dann ganz sicherlich eine »relative Verelendung«.

Die zweite allgemeine Gewissheit war: Der Kapitalismus ist ein dynamisches, aber äußerst fragiles System, das nur funktionieren kann, solange es eine immer gefräßigere äußere und innere Landnahme vollzieht, dessen Produktivkraftentwicklung an die Grenzen seiner verrückten ökonomischen Ordnung stößt, und das an seinen inneren Widersprüchen zugrunde gehen muss. Weder Marx noch Engels hätten das auf diese Weise formuliert, aber viele ihrer Jünger hätten salopp – oder auch »wissenschaftlich« begründet – gesagt: Dieser Kapitalismus muss notwendigerweise zusammenbrechen, und daher ist es besser, ihn lieber heute als morgen durch eine Revolution abzuschaffen und durch ein anderes ökonomisches System, den Sozialismus, zu ersetzen.

Das waren also recht grundlegende Gewissheiten, die auch heute noch in manchen Köpfen herumspuken: Dass der Kapitalismus zusammenbrechen muss. Und dass er notwendig zur Verelendung breiter Bevölkerungsschichten führt, dass eine faire Beteiligung am Wohlstand innerhalb des Kapitalismus einfach nicht möglich ist.

Trotzdem ist aber sehr bald etwas sehr Eigentümliches geschehen: Sozialistische Parteien und Parteiführer, vor allem aber auch Gewerkschaften, die mit ihnen verbunden waren, setzten sich dafür ein, durch kleine oder größere Reformen die Lebensbedingungen für die normalen Leute zu verbessern, und zwar *innerhalb* dieser kapitalistischen Gesellschaft. Zunächst schien das kein großer Widerspruch zu sein. Man setzte sich für eine Revolution ein, arbeitete darauf hin, aber auf dem Weg dorthin versuchte man auch, jede denkbare kleine Verbesserung der Lebensbedingungen durchzusetzen.

Gewissermaßen: Man nahm, was man kriegen konnte, das schien ja kein Widerspruch zu sein. Man begann von der Dialektik von Reform und Revolution zu sprechen.

Aber der Widerspruch zeigte sich schnell: Da gab es die, die ihr Hauptaugenmerk auf die Reformen, die Verbesserung, legten, und die Revolution, nun, die beschworen sie höchstens noch in Sonntagsreden.

Und dann gab es die Heißsporne, die sagten, *diese kleinen Reformen, die sind ja nichts, die lenken nur ab von der Revolution.*

Und den Reformisten gingen diese Heißsporne zunehmend auf die Nerven. Sie sagten: *Diese revolutionären Heißsporne reiten uns nur in Abenteuer rein und vermasseln uns die realen Fortschritte, die wir mit kluger Reformpolitik realisieren können.*

Wie sich Karl Marx in dieser Auseinandersetzung verhalten hätte, wissen wir nicht, er ist ja früh verstorben, aber sein Freund Friedrich Engels wurde uralt. Und es ist eine der amüsanten Pointen dieser Geschichte, dass sich der alte Engels, nicht öffentlich, aber doch in seinen privaten und halbprivaten Äußerungen, seinen Briefen, zunehmend auf die Seite dieser Reformer schlug.

Nachdem etwa der österreichische sozialdemokratische Parteiführer Victor Adler, ein Pragmatiker vor dem Herrn, die Radikalen in seiner Partei ausgetrickst hatte, die unbedingt so bald wie möglich einen revolutionären Generalstreik wollten, schrieb Engels aus England an Adler: »Zu der Art, wie Du den Generalstrike in den Schlummer gewiegt hast, gratuliere ich Dir …«

Wirklich öffentlich ausgebrochen sind diese Kontroversen erst ein paar Jahre später, als ein anderer Freund des alten Engels, der deutsche Sozialdemokrat Eduard Bernstein, ein paar Aufsätze und Bücher zu diesem Thema schrieb.

Bernstein war ein penibler Forscher. Er stellte sich ein paar Fragen: Diese Proletarier, die wir vertreten, wo arbeiten die? In welchen Fabriken? Wie war da die Lohnentwicklung in den vergangenen Jahren? Er hat sich die staatlichen Steuerunterlagen angesehen. Die verschiedenen Steuerklassen. Und hat festgestellt: Viele dieser Proletarier, Millionen von denen, sind aufgestiegen. Die verdienen ganz andere Löhne und Gehälter als noch vor dreißig Jahren. Die machen so etwas wie einen Aufstieg in den Mittelstand durch, es entstehe, schrieb er, »eine zahlreiche Mittelklasse«.

Es war unübersehbar geworden: Viele von denen können sich heute schon eine schöne Wohnung leisten und das Essen für die Kinder, sogar einmal in der Woche Fleisch, es gibt da also einen unbestreitbaren sozialen Fortschritt. Es gibt sicher keine absolute Verelendung und wohl auch keine relative.

Er hat auch gesehen: Das schafft der Kapitalismus natürlich nicht aus sich heraus. Starke Arbeiterparteien ringen ihm das ab, starke Gewerkschaften setzen das durch.

Aber er hat zudem gesehen: Dem Kapitalismus schadet

das gar nicht, es nutzt ihm sogar. Dieser Kapitalismus produziert nicht mehr nur Luxusgegenstände für die Reichen oder große Investitionsgüter für Unternehmen und Staat – also Maschinen oder Eisenbahnen oder was auch immer –, er produziert auch Konsumgüter für die breite Masse der Bevölkerung, er profitiert somit sogar davon, dass diese Arbeiter und Arbeiterinnen Kaufkraft haben und nicht verelenden.

Mit einem Wort: Dieser Bernstein sagte ein paar ziemlich ketzerische Sachen. Er sagte, das mit der Verelendungstheorie sei Quatsch. Und das mit der Zusammenbruchstheorie sei auch Quatsch.

Und dann sagte er noch ketzerischeres Zeug, nämlich: *Ich gestehe es offen, ich habe für das, was man gemeinhin unter »Endziel des Sozialismus« versteht, außerordentlich wenig Sinn und Interesse. Dieses Ziel, was immer es sei, ist mir gar nichts, die Bewegung ist alles. Und unter Bewegung verstehe ich sowohl die allgemeine Bewegung der Gesellschaft, das heißt den sozialen Fortschritt, als auch die politische und wirtschaftliche Agitation und Organisation zur Bewirkung dieses Fortschritts.*

Man solle also versuchen, diese Gesellschaft Schritt für Schritt zu verbessern, nicht Revolutionspartei sein, sondern »demokratisch-sozialistische Reformpartei«.

Sie können sich denken, welch ein Donnerwetter über Bernstein hereinbrach. Aber ich bin heute der festen Überzeugung, dass er in dieser Kontroverse recht hatte.

Denn das, wofür Bernstein bereits 1899/1900 eine Lanze brach, war mehr oder weniger das, was dann in späteren Jahren alle großen sozialreformerischen Bewegungen machten: demokratische und soziale Reformen innerhalb des Kapitalismus. Die Sozialdemokraten des Roten Wien machten ihre Stadt zu einem sozialreformerischen Modell, die schwedischen Sozialdemokraten begannen ab den dreißiger Jahren, den Wohlfahrtsstaat aufzubauen, die amerikanischen Demokraten verfolgten unter dem Präsidenten Franklin D. Roosevelt ihren ambitionierten Kurs des »New Deal«, und nach 1945 bauten die Sozialdemokraten und auch gemäßigte Christdemokraten in Kontinentaleuropa den Sozialstaat auf. Und auch in jüngster Zeit ist solch eine Politik, wo sie verfolgt wird, erstaunlich erfolgreich, man denke nur an den Aufstieg Brasiliens, der eine direkte Folge der Sozialreformen unter dem Präsidenten Luiz Inácio da Silva ist, den alle nur »Lula« nennen.

Sie alle führten soziale Reformen durch, die die Marktkräfte zähmten, sie

· knüpften ein dichtes soziales Netz, das Menschen im Notfall auffing – aber nicht nur im Notfall –, das auch im Normalbetrieb dazu beitragen sollte, immer mehr Bürgern immer mehr Chancen zu bieten, sodass sich die Lebenschancen zunehmend anglichen;

· betrieben eine ambitionierte Bildungspolitik;

· machten sozialen Wohnbau zu einem wichtigen Element ihrer Politik;

· machten eine Steuerpolitik, die die Ungleichheit reduzierte.

· Starke Gewerkschaften trugen dazu bei, dass die Löhne und Gehälter einfacher Beschäftigter stiegen, phasenweise stiegen die Löhne der Geringverdiener sogar stärker als die an der Spitze.

· Man regulierte die Tarifpolitik, führte aber auch viele

andere Gesetze ein, die das Arbeitsleben regelten: Betriebsverfassungsgesetze, Arbeitsrechte, Arbeitszeitregelungen. Betriebsräte wurden eingeführt und ihre Rechte wurden gestärkt – von Land zu Land, manchmal von Branche zu Branche unterschiedlich.

Man könnte diese Liste endlos fortsetzen, aber es ist jetzt schon offensichtlich: Es wurden unzählige Reformen durchgesetzt, von denen jede für sich vielleicht eine kleine Reform war, die sich aber doch zu einer großen Reform, zu einer fundamentalen Änderung summierten.

Ich finde das politisch gut. Aber lassen wir das einmal beiseite. Und fragen wir: Welche ökonomischen Auswirkungen hatte all das denn?

Dass man hier sukzessive mehr soziale Gerechtigkeit eingeführt hat, hat der kapitalistischen Marktwirtschaft ja gar nicht geschadet. Es hat ihr sogar genützt.

· Man hatte zunehmend besser ausgebildete Arbeitskräfte,

· einen immensen Produktivitätszuwachs,

· stabiles Wirtschaftswachstum;

· der Massenkonsum, der der Motor einer modernen kapitalistischen Marktwirtschaft ist, war auf einem immer höheren Niveau.

Wenn man das mit einem nüchternen Blick analysiert, muss man zu dem Schluss kommen:

Anders als die frühe Arbeiterbewegung dachte, haben sich ihre sozialen Forderungen nicht als unvereinbar mit einer kapitalistischen Marktwirtschaft erwiesen, sondern im Gegenteil und umgekehrt, die Realisierung dieser sozialen Forderungen hat der kapitalistischen Marktwirtschaft sogar genützt.

Und deshalb möchte ich zunächst in diesem abschließenden Kapitel die Frage aufwerfen, vor welchen Aufgaben wir in diesem Sinne heute stehen würden, und dann auch noch die Frage, ob eine solche Strategie heute noch möglich wäre. Denn es könnte ja sein, dass dies eine historische Ära war, in der das möglich war, und dass wir heute in einer Ära sind, in der das nicht mehr möglich ist.

Lassen Sie mich so beginnen: Unser größtes gegenwärtiges Problem, abgesehen von der ökonomischen Misere, in der wir seit Ausbruch der Finanzkrise stecken, ist das Problem der immer stärker wachsenden Ungleichheit. Und dieses Problem ist mit der Finanzkrise verbunden.

Wenn man heute Debatten unter den führenden Ökonomen der Gegenwart verfolgt, wird man feststellen, dass es fast ein neues Mantra, fast ein neuer Mainstream geworden ist, die Ungleichheit als das zentrale Problem der Gegenwart anzusehen. Und das ist ja schon für sich gesehen ein recht bemerkenswerter Umstand.

Denn bedenken wir, was man uns seit dreißig Jahren eingeredet hat, seit dem Beginn der neoliberalen und neokonservativen Gegenreformation: Dass Gleichheit schlecht sei, weil die Welt doch bunt sei und wir alle unterschiedlich, und dass das ja schön sei so! Gleichheit sei doch kein erstrebenswerter Wert, hat man uns gesagt.

Und dass in einer prosperierenden, brummenden Marktwirtschaft eben die einen mehr Erfolg hätten und die anderen weniger. Aber wenn wir in diese Ergebnisse, für die der Markt sorgt, eingriffen, dann würden wir die Wohlstandszuwächse reduzieren; dass wir dann vielleicht mehr Gleichheit hätten, aber alle auf einem niedrigeren Niveau wären; dass man also, wenn man eine brummende Wirtschaft haben wolle, Ungleichheit in Kauf nehmen müsse. All das hat man uns gesagt.

Und jetzt? Jetzt sagen nicht alle, aber doch immer mehr, dass die Ungleichheit das zentrale Problem unserer Zeit ist.

Joseph Stiglitz, der Wirtschaftsnobelpreisträger, hat im amerikanischen Hochglanzmagazin *Vanity Fair* einen großen Essay geschrieben, in dem er anprangert, dass das reichste eine Prozent der Amerikaner sich jetzt schon über mehrere Jahrzehnte praktisch den gesamten Wohlstandszuwachs eingesackt hat, und die restlichen 99 Prozent nichts mehr vom wachsenden Kuchen abbekommen, zum Teil sogar immer weniger.

Damit gab ein Wirtschaftsnobelpreisträger einer globalen Protestbewegung den Slogan vor: »Wir sind die 99 Prozent.«

Paul Krugman, ebenfalls Wirtschaftsnobelpreisträger, stößt seit Jahren in dieses Horn.

J. Bradford DeLong, ein einflussreicher US-Ökonom, sieht das ebenso und plädiert für einen Grenzsteuersatz für Reiche von 70 Prozent.

Martin Wolf, Starkolumnist der *Financial Times* – der wahrscheinlich bedeutendste Wirtschaftsjournalist der Welt –, plädiert für eine »Totalreform des westlichen Kapitalismus« mit folgenden Eckpunkten: strenge Regulierung des Finanzsektors, Reduktion der Ungleichheit, höhere Steuern auf Vermögen, geringere auf Arbeit, Kontrolle von Unternehmen, um kriminelles Verhalten im Keim zu ersticken, und statt Schutz der Märkte vor der Politik: umgekehrt, Schutz der Politik vor der Wirtschaft, damit sich die Reichen nicht mehr die Regierungen kaufen können.

Globale Institutionen wie die OECD und der Weltwährungsfonds IMF, die ja nicht gerade für ihren antikapitalistischen Geist bekannt sind, haben in einer Reihe von Studien in den vergangenen Jahren darauf hingewiesen, dass in allen entwickelten Marktwirtschaften die Ungleichheit steigt und dass das die entscheidende Quelle der Instabilität ist.

So untersuchen Forscher des Internationalen Währungsfonds in ihren jüngsten Arbeiten den Zusammenhang von Ungleichheit und Schuldenkrisen.

»Unsere Analyse«, sagt einer der damit befassten Ökonomen, *»basiert auf der Idee, dass die reichsten fünf Prozent ihre Einkommen so sehr erhöht haben, dass sie sie unmöglich ausgeben können. Man kann ja nur so und so viele Armani-Anzüge haben. Sie können nicht einmal genügend Unternehmen finden, die ausreichend profitabel sind, sodass sie das viele Geld investieren können. Das Einzige, was ihnen bleibt, ist, das Geld über den Bankensektor zu verleihen. Währenddessen kriegen die anderen 95 Prozent einen immer kleineren Teil vom Kuchen. Sie müssen sich verschulden, um ihr Konsumniveau zu halten. Das Geld, das als Kredit von den Reichen zu den restlichen 95 Prozent wandert, türmt die Schuldenlast auf, unter der wir ächzen. Und auch der Staat hat Geld geliehen, um das Konsumniveau der weniger Wohlhabenden stabilisieren zu können.«*

Auf diese Weise also, sagt der IMF – der IMF! –, sind Vermögenskonzentration und Schuldenkrise miteinander verbunden.

Lassen Sie uns noch ein paar weitere Stimmen sammeln, damit wir einen Eindruck bekommen, wie breit dieser Chor schon ist:

Nouriel Roubini, der berühmte, iranischstämmige amerikanische Ökonom, schlägt in dieselbe Kerbe. Und Roubini ist wirklich nicht irgendjemand, ihn umgibt die Aura des Propheten, seitdem er ziemlich punktgenau die Weltfinanzkrise vorhergesagt hat. Ihm hängt die Wall Street seither an den Lippen. Wissen Sie, was er unlängst geschrieben hat?

»Viele wissenschaftliche Studien, darunter eine Studie des Internationalen Währungsfonds aus dem Jahr 2011, kommen zu dem Schluss, dass die wachsende Ungleichheit ein geringeres wirtschaftliches Wachstum nach sich zieht. Jenseits aller Fragen von Fairness und Gerechtigkeit erweist sich Ungleichheit sogar als schlecht, wenn man das traditionelle ökonomische Kriterium der ›Effizienz‹ anlegt. (…)«

Wie aber kann man wieder mehr Gleichheit herstellen?, fragt er.

»Das Verhältnis zwischen dem Anstieg der Produktivität und wachsenden Einkommen der Arbeiter- und der Mittelklasse war niemals rein mechanisch; es brauchte Arbeiter, die in der Lage waren, ihre Chancen und Fähigkeiten zu verbessern und so ihre Produktivität zu steigern. Es brauchte dafür einen Wohlfahrtsstaat, der jene öffentlichen Güter bereitstellte, und auch die sozialen Sicherheitsnetze und die Rentensysteme, die das überhaupt erst ermöglichten. All diese Regierungspolitiken waren der Schlüssel dafür, den Anstieg der Ungleichheit zu reduzieren. (…) Die Möglichkeit für Arbeiter, sich selbst in Gewerkschaften zu organisieren und bessere Löhne zu fordern, hat ebenso dazu beigetragen, den Anteil von Arbeitnehmereinkommen am BIP zu stabilisieren und einen schärferen Anstieg der Ungleichheit zu verhindern.

Der Aufstieg der Mittelklasse und der wachsende Lebensstandard der Arbeiterklasse waren also keineswegs die mechanische, quasi automatische Folge von wirtschaftlichem Wachstum, sondern das aktive Resultat verschiedener wirtschaftspolitischer

Maßnahmen und Kräfte. Auch die soziale Mobilität – (also die Möglichkeit zu gesellschaftlichem Aufstieg, Anmerkung) – war niemals das Resultat von Marktkräften, sondern das Ergebnis fortschrittlicher Wirtschaftspolitik, Fiskalpolitik, Steuerpolitik und Sozialpolitik.

Um die Marktwirtschaften wieder zu stabilisieren, müssen wir also wieder zu der richtigen Balance zwischen den Märkten und der Bereitstellung öffentlicher Güter zurückkehren.«

Das sind nur ein paar dieser bemerkenswerten Stimmen. Lassen Sie mich nur einen Augenblick innehalten und noch einmal wiederholen, wieso wachsende Ungleichheit für eine kapitalistische Marktwirtschaft schlecht ist und inwiefern sie mit den wachsenden Instabilitäten am Finanzsektor verbunden ist.

Wachsende Ungleichheit ist deshalb für eine kapitalistische Marktwirtschaft schlecht, weil damit Wachstumspotenzial verspielt wird. Wenn wir Wohlstandszuwächse haben, von den Wohlstandszuwächsen aber immer weniger bei den Normalverdienern ankommt, sinkt die Kaufkraft im Verhältnis zur produzierten Gütermenge. Die Nachfrage schwächelt. Das ist der unmittelbare Zusammenhang.

Der mittelbare Zusammenhang ist folgender: Viele Menschen, mehr Menschen als »notwendig wäre« – ohnehin ein fragwürdiger Begriff, aber lassen wir ihn hier einmal so stehen –, leben dann in beschränkten Einkommensverhältnissen. Erstens wegen der ungleichen Verteilung als solcher. Aber eben auch wegen weiterer mittelbarer Effekte: Eine Volkswirtschaft, die unter ihren Möglichkeiten bleibt, wird mehr Arbeitslosigkeit als notwendig haben, geringere Jobaussichten für viele Menschen. Fünf oder acht oder zehn

Prozent der Menschen sind dann nicht in der Lage, ihre Talente zu entwickeln, sind gefangen in einer Spirale von Unsicherheit und Chancenlosigkeit, eine Chancenlosigkeit, die sie womöglich noch an ihre Kinder vererben.

Wachstum unter den Bedingungen von relativer Gleichheit dürfen wir uns wie eine kontinuierliche Flut vorstellen, die alle Boote hebt. Unter den Bedingungen von krasser Ungleichheit gäbe es ein wildes Rauf und Runter, das immer ein paar Boote an die Klippen wirft.

Sehen wir uns jetzt aber etwas genauer an, wie diese wachsende Ungleichheit mit Prozessen im Finanzsektor und mit der wachsenden Instabilität dort zusammenhängt.

Zunächst können wir feststellen, dass die wachsende Ungleichheit selbst stark mit Umverteilungseffekten über den Finanzsektor zu tun hat.

Wenn wir uns die Statistiken ansehen, ist dreierlei sehr deutlich:

Erstens, wir haben eine Ungleichheitsentwicklung bei den Lohn- und Gehaltseinkommen. Die Lohn- und Gehaltseinkommen der Niedrigverdiener stagnieren oder sinken, während die der Besserverdienenden steigen, und zwar rasant.

Aber die Ungleichheitsschere bei den Lohn- und Gehaltseinkommen ist nicht so groß, viel größer ist sie, wenn wir uns alle Einkommensarten ansehen: Die Ungleichverteilung ist deutlich größer.

Das heißt also zweitens, Einkommen aus Kapitalbesitz, aus Finanzkapital, Immobilienbesitz, aus anderen Kapitalanlagen, stieg deutlich stärker. Oder anders gesagt: Diejenigen, die schon Vermögen hatten, konnten ihre Einkommen überproportional steigern, da die Einkommen aus diesen Titeln sogar schneller stiegen als die der stärksten Gehaltsbezieher. In den vergangenen zehn Jahren war also der ganze Finanzsektor der entscheidende Motor der Ungleichverteilung.

Deshalb stieg drittens auch die Ungleichverteilung der Vermögen deutlich stärker als die Ungleichverteilung der Lohn- und Gehaltseinkommen.

Das war im Übrigen nicht nur ein Prozess, der einfach so von »den Märkten« hergestellt wurde. Die großen Finanzmarktakteure haben ihre Macht auch eingesetzt, um Vorteile zu erzielen, etwa im Steuersystem. Wenn Einkommen aus Finanzgewinnen deutlich niedriger besteuert werden als Lohn- und Gehaltseinkommen, ist das eine Privilegierung einer bestimmten Einkommensart gegenüber anderen Einkommensarten.

Alleine dass der Finanzsektor also der entscheidende Motor der Ungleichverteilung war, führte wiederum zu einer Reduktion von Wachstumspotenzial, denn, erinnern wir uns daran: Wer Kapital besitzt, hat immer mehrere Möglichkeiten, sein Kapital anzulegen, um auf künftige Renditen zu hoffen:

Er kann sich Wertpapiere kaufen, um reine Kursgewinne zu lukrieren. Oder er kann produktiv in Unternehmen investieren, um dann Unternehmensprofite zu machen.

Erstere Investition spekuliert darauf, Umverteilungsgewinne auf bereits realisierte Werte zu machen. Zweitere produziert neue Werte, ist also produktiv.

Jedes Wirtschaftssubjekt trifft immer wieder solche Entscheidungen: Wenn Sie ein Eigenheim wollen, können Sie entscheiden: Baue ich mir ein Haus oder kaufe ich ein Haus, das schon existiert?

Und wenn Sie mehr Geld haben, sagen wir eine Million Euro, können Sie entscheiden: Gründe ich eine Firma, die irgendetwas Nützliches herstellt? Oder investiere ich am Finanzmarkt?

Und wenn dann, durch Steuersysteme beispielsweise, die Finanzmarktinvestitionen begünstigt sind, dann werden Sie eher diese Investitionen vornehmen.

Wir sind an diesem Punkt jetzt übrigens schon bei einer kritischen Frage angelangt: Es könnte ja sein, dass aufgrund der kapitalistischen Entwicklung, der Sättigung von Märkten, dem Erreichen eines bestimmten Produktivitätsniveaus, die Profite, die ich aus produktiven Investitionen erzielen kann, irgendwann notwendigerweise sinken, und dass dies die eigentliche Ursache für die Aufblähung des Finanzsektors war. Dann sind wir tatsächlich in einer neuen Ära, und dann würden die Lehren aus der alten Ära tatsächlich von gestern sein und uns für heute nichts mehr bringen.

Es könnte sein, dass das Absinken der Profite in der Realwirtschaft in diesen Prozessen ein Element war, aber gerade dann, wenn das ein Element ist, ist das ein Grund mehr, Finanzanlagen und -gewinne nicht auch noch zu privilegieren.

Aber betrachten wir die Zusammenhänge detaillierter. Wir haben ja schon andeutungsweise gehört, wie Vermögenswachstum und Finanzmarktinstabilität zusammenhängen: Vermögen müssen immer Schulden gegenüberstehen. Denn Finanzvermögen sind immer Zahlungsverpflichtungen.

Der Vermögende besitzt einen Zettel. Der ist eine Million Euro wert. Das heißt, auf diesem Zettel steht geschrieben, dass irgendjemand anderer, ein Kreditnehmer, ein Schuldner, ihm zu einem angegebenen Zeitpunkt die eine Million zu zahlen hat. Was aber gleichzeitig bedeutet: Finanzvermögen plus Schulden sind immer null. Und folglich auch bedeutet: Wenn die Vermögen wachsen, dann wachsen auch die Schulden.

Das heißt, die astronomischen Vermögen mancher Wirtschaftssubjekte und die Verschuldung – und Überschuldung – anderer Wirtschaftssubjekte hängen zusammen. Das ist der Mechanismus, der die wachsende Ungleichheit und die wachsende Instabilität des Finanzsektors miteinander verbindet. Man kann das als eine Kumulation des Negativen erzählen.

Was notwendigerweise bedeutet, dass auch die Gegenstrategien eine Kumulation des Positiven wären, eine Win-win-Strategie.

Stellen wir uns vor, wir bekämpfen die wachsende Ungleichheit: Wir sorgen dafür, dass Niedrigverdiener wieder bessere Gehälter bekommen. Wir sorgen dafür, dass die Einkommenszuwächse an der Spitze wieder mäßiger ausfallen. Wir sorgen dafür, etwa über ein entsprechendes Steuersystem, dass die hohen Vermögen ein wenig reduziert werden.

Dann haben wir nicht nur eine gleichmäßigere Verteilung von Gehaltseinkommen, Einkommen generell und Vermögen, sondern wir haben auch die Schulden reduziert.

Ist das möglich?

Natürlich ist das möglich: Bessere Gehälter für schlecht verdienende Haushalte und Normalverdiener versetzt diese in die Lage, ihre Schulden zurückzuzahlen.

Vermögenssteuern, die der Staat einhebt, reduzieren die

Vermögen und geben dem Staat die Möglichkeit, seine Schulden zu reduzieren.

Damit kommen wir aber zum nächsten Problem.

Wir haben gehört, dass ein Boom mit Kreditwachstum verbunden ist, und dass ein abgeschwächtes Wachstum mit Kreditkontraktion verbunden ist.

Das heißt also, wenn wir Vermögen und Schulden reduzieren wollen, dann ist das ja nichts anderes, als dass wir eine sukzessive Kreditkontraktion herstellen wollen, gewissermaßen planmäßig, dass wir uns damit aber möglicherweise langfristig schwächeres Wachstum einhandeln.

Das heißt also, dass wir hier möglicherweise in einer Situation sind, die man in der Theorie als »Zielkonflikt« definiert: dass man zwei Ziele hat, die einander gegenseitig aber ausschließen.

Nun wird das in der realen Welt nicht immer so heiß gegessen wie geglaubt. Wir sind ja im täglichen Leben sehr geschickt darin, mit »Zielkonflikten« umzugehen. Man könnte auch sagen: Dauernd verlangt das Leben von uns die Quadratur des Kreises, und wir sind sehr geschickt in der Quadratur des Kreises.

Wir wollen unsere Kinder umhätscheln.

Aber wir wollen auch, dass sie selbständige Individuen werden. Dass sie flügge werden. Und das bekommen wir in der Regel auch gut hin.

Sie sollte auch in der Ökonomie zu schaffen sein: Kreditkontraktion, bei gleichzeitiger Privilegierung von Investitionen in die Realökonomie, bei gleichzeitiger Stabilisierung der Nachfrage durch eine gleichmäßigere Einkommens- und Vermögensverteilung und schwächeres, aber stabiles

Wachstum bei gleichzeitiger langsamer Reduktion der Schuldenlast durch eine Inflation von drei, vier Prozent, bei gleichzeitig niedrigen Zinsen von ein, zwei Prozent.

So könnte das ökonomisch klappen.

Wäre da nicht diese Sache mit dem Wachstum – schon wieder ein Zielkonflikt.

Wachstum ist für Volkswirtschaften der beste Weg, ihre Schulden abzubauen. Die Vereinigten Staaten etwa hatten nach der Großen Depression und dem Zweiten Weltkrieg einen Staatsschuldenstand von 120 Prozent des BIP und die Schulden wurden praktisch nie zurückgezahlt. Sie blieben einfach. Aber sie betrugen irgendwann nur mehr 25 Prozent des BIP, weil das BIP so gewachsen ist. Und falls Sie sich jetzt fragen, wie das denn sein kann, dass ein Staat seine Kredite nicht zurückzahlt, müssen Sie Folgendes bedenken: Im Unterschied zu Menschen haben Staaten die praktische Eigenschaft, dass sie nicht sterben. Ein Mensch, der mit dreißig Jahren einen Kredit aufnimmt und vielleicht mit fünfzig den nächsten, hat diese normalerweise mit siebzig Jahren spätestens abbezahlt – und wird dann keinen neuen erhalten. Staaten, die sich verschulden, werden aber möglicherweise nur die jährlichen Zinsen zahlen, und dann, wenn die endgültige Rückzahlung des Kredites fällig ist, einen neuen aufnehmen, mit dem Geld die *bisherigen* Gläubiger bezahlen, und in der Folge eben die *neuen* Gläubiger bedienen. So können sie einmal aufgenommene Kredite de facto ewig weiter vor sich herschieben, und wenn es ausreichend Wirtschaftswachstum (und vielleicht sogar ein wenig Inflation) gibt, wird das reale Gewicht der Schulden abnehmen, selbst wenn es nominal unverändert bleibt.

Aber nun gibt es einige Argumente dafür, dass wir in den großen, entwickelten Marktwirtschaften mit solchen Wachstumsraten nicht mehr rechnen können. Ich bin mir nicht ganz sicher, ob diese Argumente so plausibel sind. Aber es gibt noch ein anderes Argument: Dass solche Wachstumsraten auch nicht erstrebenswert sind:

Und zwar wegen der ökologischen Krise.

Weil eine Ökonomie des »immer mehr« unseren Planeten ruiniert.

Wegen der immer knapper werdenden Ressourcen.

Erinnern Sie sich daran, was BIP und BIP-Wachstum und Schulden überhaupt heißen. Das BIP ist ein Geldwert, es misst den Output an Gütern und Dienstleistungen einer Gesellschaft in Marktpreisen. Das heißt: Es misst Geld. Es misst nicht, ob es uns gut geht. Es misst auch nicht, ob viele Ressourcen verbraucht werden (oder wenige), ob sie zu guten Zwecken verbraucht werden oder zu schlechten.

Wird ein Kraftwerk gebaut, das die Umwelt verpestet, wächst das BIP. Wird ein Kraftwerk gebaut, das die Umwelt nicht so verpestet, wächst es auch. Wird ein Kraftwerk gebaut, das die Umwelt nicht so verpestet, und eines, das sie verpestet, wird abgerissen, wächst es mehr.

Wenn wir fünf Prozent der männlichen Bevölkerung ins Gefängnis sperren, dann wächst das BIP, weil Gefängnisse gebaut werden müssen und Gefängniswärter ein Einkommen haben.

Stehen wir im Stau, wächst das BIP, weil wir Sprit verbrauchen und die Ölfirmen Einkommen haben.

In Wien wird so viel Brot weggeworfen wie in Graz gegessen – das ist total gut für das Wiener BIP, denn zuerst verdient der Bäcker, dann der Müllmann.

Wenn ein evangelischer Pfarrer seine Haushälterin heiratet, sinkt das BIP. Denn vorher hat er sie bezahlt. Hinterher ist sie seine Gattin und bezieht kein Einkommen. Sehr wahrscheinlich sind die glücklicher, weil sie ja jetzt ein Paar sind, aber das BIP ist gesunken.

Das BIP ist also ein dummer Wert. Er misst nicht, ob es uns gut geht. Er misst auch nicht, ob Ressourcen verbraucht oder geschont werden, oder ob überhaupt eine Produktion vorliegt, bei der Ressourcen verbraucht werden: Wenn ich mir eine Massage kaufe, ist der Ressourcenverbrauch recht gering. All das misst das BIP nicht.

Aber eines misst es schon, und deshalb ist es auch nicht völlig dumm, das BIP: die Einkommen aller Wirtschaftssubjekte in einer Volkswirtschaft in inflationsbereinigten Marktpreisen und wie diese wächst. Und damit misst es exakt das, was in unserem Zusammenhang wichtig ist.

Denn wenn dieses BIP ein noch so dummer Wert sein mag: Wenn wir in einer Volkswirtschaft einen bestimmten Wert an Verschuldung haben, sodass die Wirtschaftssubjekte ohnehin schon ächzen, und in der Folge sinkt ihr Einkommen auch noch, dann haben wir ein gravierendes Problem. Wir haben sogar ein gravierendes Problem, wenn das Einkommen nur stagniert. Wenn das Einkommen aber wächst, während die Schulden gleich bleiben, dann entspannt sich dieses Problem.

Die erste entscheidende Frage ist also: Kann es BIP-Wachstum geben, also Wachstum der produzierten Güter und Dienstleistungen gemessen in Marktpreisen, ohne Wachstum des Ressourcenverbrauchs? Oder sogar bei Sinken des Ressourcenverbrauchs?

Theoretisch gewiss. Angenommen, eine Volkswirtschaft

produziert heute eine bestimmte Gütermenge und um Recycling hat sie sich bisher noch nicht gekümmert. Dann sind die Einkommen in dieser Volkswirtschaft die Einkommen der Produzenten dieser Gütermenge – oder die Einkommen aus dem Verkauf dieser Gütermenge.

Stellen wir uns vor, dieselbe Volkswirtschaft produziert dann morgen etwas weniger von dieser Gütermenge, kümmert sich aber um Recycling, sodass die niedrigeren Einkommen aus der Produktion und die hinzukommenden Einkommen aus dem Recycling exakt die Höhe des früheren Einkommens ausmachen, dann ist diese Volkswirtschaft nicht geschrumpft, auch nicht gewachsen, aber ihr Ressourcenverbrauch ist gesunken. Es gab Nullwachstum, aber eine Schrumpfung des Ressourcenverbrauchs.

Wenn das so ist, können wir uns natürlich auch eine Wirtschaft vorstellen, die ein wenig wächst und in der der Ressourcenverbrauch sinkt oder zumindest nicht wächst.

Theoretisch. Praktisch ist das sehr unwahrscheinlich. Wachstum hat immer zwei Folgen: Erstens werden mehr Güter produziert, und selbst wenn man die umweltschonender produziert, wird immer ein kleiner Zuwachs an Ressourcenverbrauch entstehen. Zweitens haben die Bürger mehr Einkommen und kaufen weitere Güter, und möglicherweise konsumieren sie zusätzlich nicht nur Massagen, sondern iPhones. Selbst mögliche Einsparung an Ressourcen durch eine »grünere Produktion« wird durch Ausweitung des Konsums unter Umständen völlig aufgewogen. Oder zumindest ein wenig.

Das ist ein Problem.

In der Praxis könnte man sich nun vorstellen, dass wir eine zeitliche Kombination brauchen: Wachstum, um von den Schulden runterzukommen, und wenn das dann gelungen ist, eine Verflachung der Wachstumskurve.

Ob eine kapitalistische Marktwirtschaft irgendwann einmal völlig ohne Wachstum auskommen kann, ist freilich für sich gesehen fraglich: Wir haben ja gesehen, dass sich eine kapitalistische Marktwirtschaft dadurch auszeichnet, dass sich Wirtschaftssubjekte – Unternehmen meist – verschulden, um zu investieren, als Wette auf wachsende zukünftige Erträge. Wie diese Innovation vonstattengehen soll, ohne dass zukünftig wachsende Erträge zu erwarten sind, ist die große Frage. Oder besser: Das große Fragezeichen!

Das sind die drei großen Fragen oder Unsicherheiten in Hinblick auf ein neues ökologisches und soziales Arrangement, das unsere Gesellschaften gerechter und die Wirtschaft stabiler machen würde: Ob nicht ein Sättigungsgrad erreicht ist, sodass relevantes Produktivitätswachstum nicht mehr wahrscheinlich ist; wie man Kreditkontraktion hinbekommt, ohne Wachstum abzuwürgen; und ob ein Kapitalismus ohne Wachstum möglich ist beziehungsweise ob Wachstum und nachhaltiger Ressourcenverbrauch vereinbar sind.

Jenseits dieser drei Fragezeichen ist aber sonnenklar, dass ein ökonomisches Arrangement erreicht werden kann, das gerechter und stabiler ist als unser gegenwärtiges. Und es ist auch sonnenklar, was in etwa getan werden muss, um eine solche zweite Zähmung jenes Ganovenkapitalismus, den wir geschaffen haben, hinzukriegen.

Unsere Krise hat vielfältige Ursachen und wird kaum mit Einzelmaßnahmen in den Griff zu kriegen sein. Es wäre blauäugig, etwa zu glauben, mit Finanzmarktregulierung alleine sei es getan. Aber Finanzmarktregulierung ist ein wichtiger Punkt. Regulierung von Finanzmärkten muss im Auge haben, wie übergroße Risikokumulation unterbunden werden kann:

- durch höhere Eigenkapitalquoten, höhere Mindestreservesätze;
- durch Trennung von Geschäftsbanken und Investmentbanken und indem die Investmentbanken nicht auch noch bevorzugt werden;
- durch ordentlichen Konsumentenschutz für Käufer von Finanzmarktprodukten;
- durch Verbot von Finanzmarktprodukten, die nur wenige positive und sehr viele negative Effekte haben;
- durch die Abschaffung gesetzlicher Anreize zu reinen Finanzmarktaktivitäten.

Transaktionen in Steueroasen könnte man auch einfach verbieten, weiters spekulative Investitionen auf Rohstoff- und Lebensmittelmärkten, Leerverkäufe und Ähnliches.

Vollständige Verbriefung von Krediten muss untersagt sein. Kreditvergabe und Kreditrisiko müssen verbunden bleiben.

All das sind natürlich nur Stichworte. Man muss die Spielregeln für die Finanzindustrie einfach neu schreiben.

Mindestens so wichtig ist aber eine Lohnpolitik, die dafür sorgt, dass die Lohnsumme mit der gleichen Rate wächst wie das BIP; dafür sind gesetzlich geregelte Mindestlöhne wichtig und auch eine generöse Mindestsicherung ohne großen Arbeitszwang, um die Etablierung von Niedriglohnsektoren zu verhindern; dafür braucht es auch starke Gewerkschaften, die sich der Unterstützung durch die Regierung sicher sein müssen.

Ganz entscheidend in einem solchen Paket wären Vermögenssteuern, um die Vermögensungleichheit zu reduzieren, also Erbschaftssteuern, eine Vermögensabgabe oder eine Vermögenssubstanzsteuer, wobei Erbschaftssteuern und eine einmalige Vermögensabgabe wohl leichter zu kassieren wären als eine jährliche Substanzsteuer. Hierfür kann man sich durchaus auch raffinierte Modelle ausdenken, um alle Vermögensarten gleich und gerecht zu besteuern. So könnte der Staat bei Unternehmenserbschaften stiller Teilhaber werden, wenn die Erben die Erbschaftssteuer nicht aufbringen können. Dadurch hätten sie Zeit, den stillen Teilhaber Staat »auszuzahlen«, und Erben, die das Unternehmen weiterführen, könnten im Vergleich mit Erben, die ihr Unternehmen verkaufen, besser gestellt werden.

Im Gegenzug sollten Steuern auf Löhne und Gehälter gesenkt werden – eine Ausweitung der Staatsquote (des Anteils der Staatsausgaben am BIP) ist also keinesfalls unumgänglich.

Eine ganz wichtige Aufgabe in einem solchen Paket wären Investitionen in gute öffentliche Güter – das wären nämlich Investitionen, die unser aller Leben verbessern, die wirtschaftliche Aktivität erhöhen und zudem Arbeitsplätze schaffen würden. Man denke dabei etwa an öffentliche Dienstleistungen, eine moderne Verkehrsinfrastruktur, neue Strom- und Energiesysteme, an Kindergärten, Schulen, Hochschulen. Das Kapital einer Gesellschaft sind ihre Bürger und Bürgerinnen, und echte Bildungsgerechtigkeit würde dazu führen, dass jede und jeder seine Talente entwickeln kann. Kein Kind darf verloren gehen.

Das gilt gerade angesichts der demografischen Entwicklung: Wir brauchen jede! Wir brauchen jeden!

Denn man sagt uns ja, wegen der demografischen Entwicklung seien unsere Rentensysteme nicht nachhaltig. Erstens ist schon fraglich, ob das so ist. Aber es ist ja auch egal. Man kann der Meinung sein, dass es wichtigere Dinge gibt, als Leuten zu finanzieren, von ihrem 59. bis zum 86. Lebensjahr als Rentner zu leben, dass es also wichtigere Dinge gibt, in die knappe finanzielle Ressourcen investiert werden sollen. Aber die eigentliche entscheidende Größe ist ja nicht das Verhältnis der Bevölkerung im erwerbsfähigen Alter gegenüber den Rentnern, sondern das der Beschäftigten zu den Nicht-Beschäftigten.

Wenn mehr Leute eine gute Beschäftigung haben, dann entspannen sich auch die Finanzierungsengpässe. Wenn ich aber von jeder Generation sieben, acht oder neun Prozent ohne gute Ausbildung auf den Arbeitsmarkt werfe, dann reduziere ich den Wert auf der Beschäftigtenseite.

Und gute Jobs, die man als erfüllend erlebt, als sinnvolle Tätigkeit, sind auch die Voraussetzung dafür, dass sich das Rentenantrittsalter erhöht.

Krisen führen immer zu einer Reduktion des Rentenantrittsalters: Weil weniger Jobs da sind. Weil Leute aus der Arbeitslosigkeit in die Rente wechseln. Weil das Arbeitsklima schlechter wird und die Leute sagen: Jetzt hab ich genug.

Wir müssen uns aber auch überlegen, ob der Staat nicht wieder mehr Arbeitsplätze selbst anbieten soll. Der Staat hat ja in etwa zwei Aktivitäten am Arbeitsmarkt: Er bietet Jobs in der staatlichen Verwaltung, für Lehrer, Beamte und Ähnliches.

Und er bezahlt Arbeitslosengeld, Mindestsicherung, betreibt Jobvermittlung und Qualifizierung über die berühmten AMS-Kurse.

Ich will hier die Frage aufwerfen, ob der Staat nicht direkt wieder Jobs für Arbeitslose schaffen, also wirklich aktive Arbeitsmarktpolitik betreiben soll, einfach deshalb, weil es immer sinnvoller ist, Aktivität zu finanzieren als Inaktivität zu alimentieren.

Das ist eine Frage, mit der ich mich auf ideologisch vermintes Terrain begebe. Denn einerseits gibt es die Anhänger eines garantierten Grundeinkommens, die sagen: *Weg mit dem Arbeitszwang! Entkoppeln wir Arbeit und Einkommen, reduzieren wir damit auch die Bedeutung des Jobs für die Identität!* Für diejenigen wären staatliche Jobprogramme ein rotes Tuch.

Andererseits würden auch viele Unternehmen in diesen Chor einstimmen: Mit Jobprogrammen würde der Markt verzerrt werden, wäre ihre Klage. Wenn der Staat Werkstätten eröffnet oder Dienstleistungen finanziert und Menschen einstellt, die bisher arbeitslos waren, werden die Firmen, die zuvor in diesem Metier aktiv waren, aus dem Markt gedrängt. Überspitzt formuliert: Wenn der Staat Putzkolonnen zusammenstellt, was wird dann aus den armen Putzfirmen? Dahinter steht sehr klar auch die Ideologie, dass der Markt immer bessere Lösungen anbietet als der Staat. Angesichts der Erfahrungen mit dem Markt in den vergangenen Jahren sollten wir uns da nicht gar so viele Sorgen machen.

Es ist immer besser, wenn man Menschen eine berufliche Betätigung finanziert statt Arbeitslosigkeit. Erstens weil man ihnen Qualifikation vermittelt und die Qualifikationen, die sie haben, sichert. Zweitens weil man ihnen einen

Einstieg in den Arbeitsmarkt ermöglicht. Drittens weil sie in solchen Institutionen auch Phasen, in denen sie de facto aber nicht sehr gut in den Arbeitsmarkt einsteigen können, überbrücken können, ohne völlig dequalifiziert zu werden (das kann beispielsweise alleinerziehende Mütter oder Väter betreffen). Viertens weil sie damit natürlich produktiv zum Reichtum einer Gesellschaft beitragen. Und fünftens wegen der fatalen Langzeiteffekte von andauernder Arbeitslosigkeit. Solche Arbeitsbeschaffungsmaßnahmen hätten also positive Wirkungen und wir sollten wieder mehr von ihnen etablieren. Aber ohne großen Arbeitszwang. Und zwar nicht nur, weil es fragwürdig ist, Menschen Zwang anzutun, sondern weil Arbeitszwang als unintendierte Nebenfolge immer zu Lohnreduktion führt.

All das und noch mehr kann getan werden – und muss getan werden, wenn wir die gegenwärtige Abwärtsspirale durchbrechen wollen. Gerade innerhalb der Europäischen Union braucht es intelligente neue Wege, um die soziale Katastrophe zu beenden, in die einige Mitgliedsstaaten infolge der Finanzkrise geraten sind, aber auch um der stetigen Rezessionsgefahr zu begegnen, von der heute wieder die gesamte Eurozone befallen ist, und nicht nur die sogenannten Krisenländer. Intelligente neue Wege, das heißt Formen zu finden, wie brachliegendes Kapital, das heute kopflos und panisch einigermaßen sichere Anlagen sucht (und nicht findet), in produktive Investitionen gelenkt werden kann, die sowohl eine einigermaßen ordentliche Verzinsung der Spareinlagen garantieren (das heißt, eine Verzinsung wenigstens irgendwo im Bereich der Inflationsrate), und die gleichzeitig produktiv in mehrerlei Hinsicht sind: insofern, als sie zum ökologischen und sozialen Umbau unserer Wirtschaft beitragen, Güter und Dienstleistungen bereitstellen, die uns allen nützen, und indem sie neue Arbeitsplätze schaffen. Eine der Institutionen, die dazu beitragen könnte, auf diese Weise Spareinlagen in produktive Investitionen zu lenken, wäre etwa die Europäische Investitionsbank, eine andere Idee ist die Gründung eines »Europäischen Zukunftsfonds«, wie ihn der Deutsche Gewerkschaftsbund vorgeschlagen hat, um einen »Marshallplan für Europa« zu finanzieren. Ohne allzu sehr ins Detail gehen zu wollen, wären das eben Wege, sinnvolle öffentliche Investitionen vorzunehmen, die die Wirtschaft wieder in Schwung bringen, aber mithilfe von privatem Kapital und somit ohne dass die staatlichen Defizite wachsen müssten.

Ich will zum Schluss kommen und noch einmal an meine Eingangsfrage erinnern: Kann es einen guten Kapitalismus geben?

Ich wollte hier zeigen, dass es natürlich auch heute Wege gäbe, die Marktwirtschaft stabiler und gerechter zugleich zu machen. Dazu gehören, um das noch einmal grob zu rekapitulieren:

· Eine demokratische Kontrolle der Finanzmärkte und eine strenge Regulierung derselben, aber nicht, um die Märkte auszutrocknen, sondern um dafür zu sorgen, dass sie ihre produktive Funktion wahrnehmen können, nämlich die Wirtschaft mit Krediten zu versorgen.

· Eine Reduktion der kumulierten Ungleichheiten.

· Eine Lohnpolitik, die die Lohnquote mindestens stabil hält, sie in Wirklichkeit ausweitet.

· Eine Fülle von Regierungspolitiken, die dafür sorgen,

dass alle Bürger und Bürgerinnen ihre Talente entwickeln und ein gutes Leben führen können.

· Und damit natürlich eine sukzessive Ausweitung der staatlichen Aktivitäten.

Ob das ökonomische Arrangement, das dann am Ende herauskommt, Kapitalismus heißt oder soziale Marktwirtschaft oder Wohlfahrtsstaat oder Sozialismus, ist mir eigentlich egal.

Und es ist natürlich klar, dass einer solchen Entwicklung viele Hindernisse im Weg stehen. Ökonomische Hindernisse, aber auch politische. Wer sind die politischen Kräfte, die sich für so etwas stark machen? Wo sind die Bürger, und wie sind sie bereit – aber auch in der Lage –, sich für so etwas zu engagieren, sich dafür stark zu machen? Denn solche Politiken entwickeln sich weder von alleine, noch weil kluge, weitsichtige Politiker einfach aufgrund des Einsehens in das, was richtig ist, sie umsetzen könnten. Und selbst wenn, stellt sich ja die Frage: Wo kommen die guten Politiker her? Die fallen ja auch nicht vom Himmel. Es geht hier nicht immer nur um das Einsehen in das Richtige, sondern immer auch um Macht, um Macht und um ökonomische Interessen, die sich mit Macht paaren oder in politische Macht übersetzen.

Aber gleichzeitig geht es nicht nur um Interessen im engen Sinn. Denn die ökonomische Politik, die ich skizziert habe, ist nicht nur für diejenigen gut, die direkt von ihr profitieren würden, also für die Unterprivilegierten oder die bisher materiell schlechter Gestellten.

Mehr Gleichheit, gleiche Chancen, Gleichverteilung, Regulierung von Finanzmärkten, stabile Konsumnachfrage, all das ist für die Unterprivilegierten gut, aber nicht nur für sie. Es ist, letztendlich, für alle gut, und am Ende des Tages sogar für diejenigen, die heute dic Profiteure von Ungleichheit und Ungerechtigkeit sind.

Es geht also bei all dem letztendlich nicht nur um Interessen oder um Klassenkampf oder wie immer wir das nennen wollen, sondern um das, was für eine Gesellschaft als Ganzes, für das Gemeinwesen, das Gemeinwohl das Beste ist.

Und ich bin der festen Überzeugung und ich hoffe, dass ich auch gute Argumente dafür präsentiert habe, dass ein solcher ökonomischer Kurswechsel notwendig ist, dass er möglich ist und dass wir alle – als Gesellschaft, als Gemeinwesen – langfristig von ihm profitieren würden, sogar dann, wenn einige kurzfristig etwas abgeben müssten.

EINE KLEINE AUSWAHL DER VERWENDETEN LITERATUR

Victor Adler/Friedrich Engels, Briefwechsel. Hrsg. von Gerd Callesen und Wolfgang Maderthaner. Berlin: Akademie 2011.

George A. Akerlof/Robert S. Shiller, Animal Spirits. Aus dem Engl. von Ute Gräber-Seißinger. Frankfurt am Main: Campus 2009.

Jens Berger, Stresstest Deutschland. Wie gut sind wir wirklich? Frankfurt am Main: Westend 2012.

Eduard Bernstein, Die Voraussetzungen des Sozialismus und die Aufgaben der Sozialdemokratie. Hrsg. von Günther Hillmann. Reinbek bei Hamburg: Rowohlt 1969.

Eduard Bernstein, Zur Geschichte und Theorie des Socialismus. Berlin: Akademischer Verlag für sociale Wissenschaften 1901.

Rüdiger Dornbusch/Stanley Fischer, Makroökonomik. München: Oldenbourg Wissenschaftsverlag 2003 (8. Auflage).

Sebastian Dullien/Hansjörg Herr/Christian Kellermann, Der gute Kapitalismus. Und was sich dafür nach der Krise ändern müsste. Bielefeld: Transcript 2009.

Heiner Flassbeck, Gescheitert. Warum die Politik vor der Wirtschaft kapituliert. Frankfurt am Main: Westend 2009.

Heiner Flassbeck, Die Marktwirtschaft des 21. Jahrhunderts. Frankfurt am Main: Westend 2010.

John Kenneth Galbraith, Der große Crash 1929. Ursachen, Verlauf, Folgen. München: FinanzBuch 2012 (5. Auflage).

John Kenneth Galbraith, Eine kurze Geschichte der Spekulation. Aus dem Amerikan. von Wolfgang Rhiel. Frankfurt am Main: Eichborn 2010.

John Kenneth Galbraith, Leben in entscheidender Zeit. Memoiren. Aus dem Amerikan. von Christl Rost und Toll Lohmeyer. München: Bertelsmann 1982.

James Kenneth Galbraith, Inequality and Instability. A Study of the World Economy Just Before the Great Crisis. New York: Oxford University Press 2012.
James Kenneth Galbraith, Der geplünderte Staat. Oder was gegen den freien Markt spricht. Aus dem Engl. von Peter Stäuber. Zürich: Rotpunktverlag 2010.
John Maynard Keynes, Die allgemeine Theorie der Beschäftigung, des Zinses und des Geldes. Berlin: Duncker & Humblot 1966 (3. Auflage).
John Maynard Keynes, Essays in Persuasion. London: Macmillan 1933.
John Maynard Keynes, On Air. Der Weltökonom am Mikrofon der BBC. Hrsg. von Michael Hein. Aus dem Engl. von Michael Hein. Hamburg: Murmann 2008.
Paul Krugman, Die neue Weltwirtschaftskrise. Aus dem Engl. von Herbert Allgeier und Friedrich Griese. Frankfurt am Main: Campus 2009.
Paul Krugman, Vergesst die Krise! Warum wir jetzt Geld ausgeben müssen. Frankfurt am Main: Campus 2012.
Paul Krugman/Robin Wells, Volkswirtschaftslehre. Aus dem Amerikan. von Klaus Dieter John. Stuttgart: Schäffer-Poeschel 2010.
Hyman P. Minsky, Stabilizing an Unstable Economy. New York: McGraw-Hill 2008.
Hyman P. Minsky, Instabilität und Kapitalismus. Hrsg. von Joseph Vogl. Aus dem Engl. von Michaela Grabinger und Florian Oppermann. Zürich: Diaphanes 2011.
Carmen M. Reinhart/Kenneth S. Rogoff, Dieses Mal ist alles anders. Acht Jahrhunderte Finanzkrisen. München: FinanzBuch 2010.
Nouriel Roubini/Stephen Mihm, Das Ende der Weltwirtschaft und ihre Zukunft. Aus dem Engl. von Jürgen Neubauer und Petra Pyka. Frankfurt am Main: Campus 2010.
Robert Skidelsky, Die Rückkehr des Meisters. Keynes für das

21. Jahrhundert. Aus dem Engl. von Thomas Pfeiffer und Ursel Schäfer. München: Kunstmann 2010.
Joseph Stiglitz, Im freien Fall. Vom Versagen der Märkte zur Neuordnung der Weltwirtschaft. Aus dem Amerikan. von Thorsten Schmidt. München: Pantheon 2011.
Joseph Stiglitz, Der Preis der Ungleichheit. Wie die Spaltung der Gesellschaft unsere Zukunft bedroht. Aus dem Amerikan. von Thorsten Schmidt. München: Siedler 2012.

Robert Misik, geboren 1966, ist Journalist und politischer Schriftsteller. Seine publizistische Laufbahn führte ihn von der *Arbeiter-Zeitung* zum *profil*, heute schreibt er regelmäßig für die Berliner *tageszeitung*, die *Berliner Zeitung*, die *Neue Zürcher Zeitung* und den Wiener *Falter*, außerdem produziert er die wöchentliche Videoshow *FS Misik* auf der Website der Tageszeitung *Der Standard*. Misik wurde mit zahlreichen Preisen ausgezeichnet, etwa dem »Bruno-Kreisky-Förderpreis«. 2010 war er »Journalist des Jahres« in der Kategorie Online. 2009 wurde ihm der österreichische Staatspreis für Kulturpublizistik verliehen.

Misik ist Autor zahlreicher Bücher, darunter etwa »Marx für Eilige«, »Genial dagegen – kritisches Denken von Marx bis Michael Moore« und »Anleitung zur Weltverbesserung«. Zuletzt erschien von ihm im Suhrkamp Verlag das Buch »Halbe Freiheit. Warum Freiheit und Gleichheit zusammen gehören«.